U0085325

世紀人物100

一雙溫暖的手

德蕾莎修女

錢 莉 著

三民書局

獻給孩子們的禮物

主編的話

　　世界上最幸福的孩子，是他們一出生就有機會接近故事書，想想看，那些書中的人物，不論古今中外都來到了眼前，與他們相識，不僅分享了各個人物生活中的點滴，孩子們的想像力也隨著書中的故事情節飛翔。

　　不論世界如何演變，科技如何發達，孩子一世幸福的起源，仍然來自於父母的影響，如果每一個孩子都能從小在父母親的懷抱中，傾聽故事，共享閱讀之樂，長大後養成了閱讀習慣，這將是一生中享用不盡的財富。

　　三民書局的劉振強董事長，想必也是一位深信讀書是人生最大財富的人，在讀書人口往下滑落的多元化時代，他仍然堅信讀書的重要，近年來，更不計成本，連續出版了特別為孩子們策劃的兒童文學叢書，從「文學家」、「藝術家」、「音樂家」、「影響世界的人」系列到「童話小天地」、「第一次」系列，至今已出版了近百本，這僅是由筆者主編出版的部分叢書而已，若包括其他兒童詩集及套書，三民書局已出版不下千百種的兒童讀物。

　　劉董事長也時常感念著，在他困苦貧窮的青少年時期，是書使他堅強向上，在社會普遍困苦，而生活簡陋的年代，也是書成了他最好的良伴，他希望在他的有生之年，分享這份資產，讓下一代可以充分使用，讓親子共讀的親情，源遠流長。

　　「世紀人物 100」系列早就在他的關切中構思著，希望能出版

孩子們喜歡而且一生難忘的好書。近年來筆者放下一切寫作,接下這份主編重任,並結合海內外有心兒童文學的作者共同為下一代效力,正是感動於劉董事長致力文化大業的真誠之心,更欣喜許多志同道合的朋友,能與我一起為孩子們寫書。

「世紀人物100」系列規劃出版一百位人物故事,中外各占五十人,包括了在歷史上有關文學、藝術、人文、政治與科學等各行各業有貢獻的人物故事,邀請國內外兒童文學領域專業的學者、作家同心協力編寫,費時多年,分梯次出版。在越來越多元化的世界中,每個人都有各自的才華與潛力,每個朝代也都有其可歌可泣的故事,但是在故事背後所具有的一個共同點,就是每個傳主在困苦中不屈不撓,令人難忘的經歷,這些經歷經由各作者用心博覽有關資料,再三推敲求證,再以文學之筆,寫出了有趣而感人的故事。

西諺有云:「世界因有各式各樣不同的人群,才更加多彩多姿。」這套書就是以「人」的故事為主旨,不刻意美化傳主,以每一位傳主的生活經歷為主軸,深入描寫他們成長的環境、家庭教育與童年生活,深入探索是什麼因素造成了他們與眾不同?是什麼力量驅動了他們鍥而不捨的毅力?以日常生活中的小故事,來描繪出這些人物,為什麼能使夢想成真。為了引起小讀者的興趣,特別著重在各傳主的童年生活描述,希望能引起共鳴。尤其在閱讀這些作品時,能於心領神會中得到靈感。

和一般從外文翻譯出來的偉人傳記所不同的是,此套書的特色是,由熟悉兒童文學又關心教育的作者用心收集資料,用有趣的故

事，融入知識，並以文學之筆，深入淺出寫出適合小朋友與大朋友閱讀的人物傳記。在探討每位人物的內在心理因素之餘，也希望讀者從閱讀中，能激勵出個人內在的潛力和夢想。我相信每個孩子在年少時都會發呆做夢，在他們發呆和做夢的同時，書是他們最私密的好友，在閱讀中，沒有批判和譏諷，卻可隨書中的主人翁，海闊天空一起遨遊，或狂想或計畫，而成為心靈知交，不僅留下年少時，從閱讀中得到的神交良伴（一個回憶），如果能兩代共讀，讀後一起討論，綿綿相傳，留下共同回憶，何嘗不是一幅幸福的親子圖？

2006 年，我們升格成為祖字輩，有一位朋友提了滿滿兩袋的童書相送，一袋給新科父母，一袋給我們。老友是美國國家科學院院士，曾擔任過全美閱讀評估諮議委員，也是一位慈愛的好爺爺，深信閱讀對人生的重要。他很感性的說：「不要以為娃娃聽不懂故事，我的孫兒們一出生就聽我們唸故事書，長大後不僅愛讀書而且想像力豐富，尤其是文字表達能力特別強。」我完全同意，並欣然接受那兩袋最珍貴的禮物。

因為我們同樣都是愛讀書、也深得讀書之樂的人。

謹以此套「世紀人物 100」叢書送給所有愛讀書的孩子和家庭，以及我們的孫兒——石開文，他們都是世界上最幸福的孩子，因為從小有書為伴，與愛同行。

「有天晚上，她獨自走在一條人煙稀少的街上時，忽然看到一個衣衫襤褸的乞丐坐在地上，正伸出顫抖的手向她討錢。身無分文的德蕾莎正想匆匆從乞丐身邊走過，這時突然有個念頭讓她停下了腳步，她轉身走向乞丐，一點也不嫌棄的，伸出雙手緊緊握住乞丐那骯髒破爛的手說：『很抱歉，我真的一文不名，沒有半毛錢可以給你，但是我有一雙溫暖的手！』乞丐的眼睛睜得大大的看著德蕾莎，然後非常感動、喜極而泣的說：『謝謝妳，媽媽，我已經好久沒握過這麼溫暖的手了！』」

德蕾莎修女的話使我深受感動，雖然我是個沒有宗教信仰的人，對天堂或地獄沒有嚮往，但相信有愛心的地方就是天堂。而自奉甚儉，心懷大愛的德蕾莎修女有如愚公移山般窮畢生之力，不屈不撓的為窮人中最窮之人服務，更為毫無希望的病人、窮人、犯人、垂死之人帶來尊嚴和希望。她那雙溫暖的手，傳達了永不止息的愛，感動過數以百萬計的生命，數以億計的心靈，也深深打動了我。

寫這本書的初衷，並不是為了歌功頌德，只是想向這位捨己為人，己饑己溺的德蕾莎修女致敬，希望她的偉大愛心能經由一名仰慕她的寫作者而再度得到重視，更希望自己的這趟心靈之旅，寫的不只是一

本書、一個人，而是可以使更多人深思，讓更多人瞭解「愛，必須付諸行動！」，一個崇高的理想是絕不能徒託空言的。

感謝「世紀人物 100」主編簡宛女士和三民書局給我這份機緣向德蕾莎修女致敬，也感謝舍妹錢蓓百忙之中幫忙校讀以及小女蘭君協助收集資料，使這顆深藏我心的種子，能有機會得以萌芽！

寫書的人

錢 莉

臺灣大學人類學系學士，美國堪薩斯大學碩士，現任職美國德州大學蓋文斯頓附設醫院，並為休士頓美南華文寫作協會會員及前任會長。

一雙溫暖的手

德蕾莎修女

世紀人物 100

德蕾莎修女

1910～1997

1 幼年時代

「德蕾莎修女」這個家喻戶曉，響噹噹的名字，其實並不是她的本名。

姓伯亞修，原名叫阿格尼絲‧崗莎的德蕾莎修女，阿爾巴尼亞人，1910 年 8 月 26 日誕生在馬其頓*的一個叫斯科普勒的小城，她在家排行第三，上有比她年長七歲的姐姐阿格莎，和比她大四歲的哥哥拉薩爾。父母為她取的可愛名字「阿格尼絲‧崗莎」在阿爾巴尼亞文的意思是「花蕾」。阿格尼絲的父親尼可拉是位精力充沛、興趣很廣，且事業有成的富有商人，母親德蘭娜一流的縫紉手藝，遠近馳名。

那時的馬其頓隸屬鄂圖曼帝國*，境內住著很多不同的民族，有希臘人、阿爾巴尼亞人、

土耳其人和塞爾維亞人等等，居民以信奉伊斯蘭教和東正教為主，也有少數天主教家庭。阿格尼絲的雙親都是阿爾巴尼亞人，也都是虔誠的天主教信徒。因為不同的種族太多，信仰不同宗教，每個民族又都想獨立自主，所以經常爆發衝突和摩擦，正因為充滿矛盾，戰爭隨時一觸即發，所以巴爾幹半島又被稱為「歐洲的火藥庫」。

　　尼可拉‧伯亞修對政治十分熱中，經商之餘，除了擔任斯科普勒市市議員外，並參加一個促進阿爾巴尼亞獨立建國的祕密組織。1912 年他們終於贏得獨立，

放大鏡

＊馬其頓　地處有歐洲火藥庫之稱的巴爾幹半島，古代希臘北部的一個小王國。在德蕾莎修女出生時隸屬鄂圖曼帝國，後獨立成為南斯拉夫聯邦共和國的一員，1991 年宣布獨立成為今日的馬其頓共和國。

＊鄂圖曼帝國　由土耳其人建立的一個大帝國，1924 年宣告瓦解之前，曾統治北非、歐洲東南部和歐洲西南部達六個世紀之久。

建立了阿爾巴尼亞國。

　　幼年時代的阿格尼絲家境富裕，父母親都很重視子女的教育。父親因為經商，經常在歐洲各地奔波，但每次忙完業務後，總不忘給家裡的妻小買些特產當禮物，並與他們分享旅途中的見聞。他對子女的管教雖然嚴格，卻充滿了愛心和溫馨。他教孩子們要守法守規矩，但自己卻不時做出違反社會規則的事，譬如，兩個女兒的教育問題，他非常堅持必須送女兒們上學受教育，這在當時重男輕女的社會環境裡，是很難被一般人接受的。

　　阿格尼絲的雙親都是虔誠的天主教徒，總是以言教、身教不斷的灌輸孩子們「愛人如己」的觀念，不但待人熱情、仁慈，也從來不曾拒絕那些需要幫助的人。他們常捐款給當地的教會，教會的神父也經常來家中走動，

加上他們住宅隔壁就是天主教「聖心堂」，孩子們進出教堂有如回家一般方便。阿格尼絲就在這樣一個充滿愛和溫馨的環境中逐漸成長。

1914 年 6 月，這巴爾幹火藥庫終於爆炸了。一個塞爾維亞民族主義狂熱分子暗殺了奧地利大公費迪南，而這次暗殺事件如野火燎原般，燒紅了巴爾幹半島，也引發了第一次世界大戰＊。

1918 年 11 月的某個夜晚，尼可拉出席一項由阿爾巴尼亞民族主義組織召開的會議，返家後腹痛如絞，雖經家人將他送往醫院緊急開刀，還是回天乏術。阿格尼絲的家人深信尼可拉是被他的政敵在食物中下了毒。

父親的驟然過世，對伯亞修全家是一記非常嚴重的打擊。除

＊第一次世界大戰　1914 年至 1918 年。

了精神上的支柱外，畢竟他也是全家唯一的經濟來源。從來不須過問家計的母親，帶著三個年幼的孩子，眼看生活就要陷入困境了。

堅強的德蘭娜並沒有被喪夫之痛所擊倒，為了維持生活，為了三個子女的教育，德蘭娜無怨無悔的找了一份縫紉工的工作。因為她的手藝精巧，待人又誠懇，很快就生意興隆應接不暇。這時的德蘭娜，工作雖辛苦，養家糊口卻不成問題。更難能可貴的是，即使工作再忙再辛苦，她仍不忘抽空出錢出力去幫助比她更窮的人。她慷慨助人的精神，不但給孩子們留下了深刻的印象，對他們日後的人生更造成深遠的影響。天真可愛的阿格尼絲，經常牽著媽媽的手，跟著媽媽一起去探望病人、老人和一些孤苦無依的人。小小年紀的她，

那時就對環境不如她的人，有著不凡的同情心。

媽媽德蘭娜常常教孩子們對人要仁慈，要懂得捨己為人。有一天，家裡來了一位有錢的貴婦人要訂做衣服，在量身、選樣式時，那婦人不經意的開始說長道短，高談闊論起某位鄉鄰。德蘭娜不喜歡聽這些風言風語，於是放下手中針線，打斷她，指指掛在門上的一塊匾，匾上寫著：「在此屋簷下，不得批評他人」。那有錢的貴婦，沒想到會被一個窮裁縫數落，一時惱羞成怒，提起皮包就往外走。這時德蘭娜對孩子說：「我們窮沒有關係，但是不能做不該做的事。少賺幾百沒關係，但絕不能讓心靈被污染。」

伯亞修家的三個孩子都很相親相愛，相處融洽。姐姐阿格莎和妹妹阿格尼絲很喜歡上學，也很愛看書，不上學時她們也喜歡

在教堂詩班裡唱聖歌，阿格尼絲因為寫得一手好文章，還經常寫些詩來讚美上帝。

阿格尼絲十二歲時，就幾乎已經能夠肯定，教會工作是她未來真正想從事的職業，她也很嚮往能過一種很虔誠的宗教生活。

1924 年來了位新的教區神父，新神父為小女孩們成立了一個姐妹會，阿格尼絲也加入了這個姐妹會。有一次，神父跟她們談起天主教教士們在世界各地幫助窮人的事蹟，以及在海外傳播福音的故事時，阿格尼絲因為在教會刊物上讀過相關的報導，所以能站在一張巨大的世界地圖前，正確無誤的指出一些故事中的傳道所在地，著實令所有與會的人大吃一驚。

高中畢業那一年，阿格尼絲開始考慮獻身於主。當時她最想加入的是創立於 1609 年的「羅瑞

托修女會」＊，會中盡是一些在印度、孟加拉獻身服務的修女。她真誠的祈求上帝指引，這樣的決定是否正確無誤？她知道，參加羅瑞托修女會的意思是，離鄉背井。她也明白，這樣做，她必須離開她親愛的母親、姐姐和哥哥，而這一別也可能會是永別。

但阿格尼絲是位很篤定、有決心的年輕女士，她從來都是只往前走，絕不回頭看的。很多年

放大鏡

＊羅瑞托修女會　創立於 1609 年，創會人瑪利·瓦德修女是位令人敬佩的教育家，積極推廣教育，認為人人都應該有受教育的機會，主張「不僅要教育有錢人的子弟，也要教育窮人家的子弟」。與一般修女不同的是，追隨瑪利·瓦德的修女們都不封閉在與外在世界隔絕的修道院中，她們獲有教會的特別許可，准許她們外出為窮人服務，教育窮人的子弟。瑪利·瓦德於 1645 年逝世前，在羅馬和倫敦都開辦了學校。瑪利·瓦德死後四十年，她所創立的修道會正式成立。1822 年時，都柏林大主教正式頒賜永久會所。羅瑞托修女會在愛爾蘭辦得非常成功而且成長很快，1841 年在印度加爾各答設立分會，推行教育和醫療服務。直至今日，印度每年仍有約七千名學童受教於羅瑞托修女會的修女們。

羅瑞托修女會的修女在正式成為服事天主的修女之前，必須立誓「嚴守清貧、保持貞潔、服從上級」的教規。

以後她回憶說：「自從我決定離家當修女後，我從沒懷疑過自己的決定，因為那是上帝的旨意，也是上帝為我做的選擇。」

2 走向未來

「十八歲那年的我，對宗教充滿熱忱，一心一意只想去加入羅瑞托修女會，跟她們的修女一起去印度工作和傳福音。可是當我跟媽媽和哥哥、姐姐透露自己的心意時，他們都嚇了一跳，說什麼也不敢相信他們的耳朵，說什麼也不能接受他們心目中的小阿格尼絲將離他們遠去。當時只有那從小看我長大的詹神父，對我的決定一點也不覺得意外……。」德蕾莎修女回想起當時的情形。

「尤其是我母親，一聽說我想去印度當修女，忍受不住這個打擊，淚眼汪汪的跑回自己的房間。她把自己關在房間裡，說什麼也不肯開門，我和姐姐只聽到她在房間裡不停的祈禱、祈禱，

然後又痛哭流涕了一天一夜。」

「我知道她這個寶貝小女兒的決定，確實使她非常非常傷心，可是因為媽媽自己也是個很虔誠的天主教徒，終於還是接受了她的小阿格尼絲的決定。」

「我永遠也不會忘記，當母親終於開門走出房間的那一刻，她用那雙已經哭得紅腫的眼睛看著我，把守在門外一天一夜的我，擁入懷裡，緊緊摟著我，哽咽的說：『孩子，媽媽這就把妳的雙手，交到主的手中，讓妳與主同行吧！』」

第二天一早，母親就帶著阿格尼絲一起去拜訪詹神父，說明來意之後，詹神父跟阿格尼絲說：「如果妳的決定是因為天主對妳的感召，妳一定會覺得衷心充滿喜樂。而衷心的喜樂，會像羅盤一樣，為妳指引出正確的人生方向。也就是說，如果能瞭解天

主指示的人生方向，將會為妳帶來最大的喜悅和滿足的。」

於是他們決定正式向羅瑞托修女會辦事處提出入會申請，由詹神父當推薦人。

阿格尼絲的哥哥拉薩爾和姐姐阿格莎對妹妹要離家當修女的念頭，反應也很不一樣。姐姐阿格莎，自小就非常疼愛這個小妹，一想到心愛的小妹要離她遠去，心裡雖然十分難受，可是她也能瞭解，小妹是在追求自己真心嚮往的宗教生活。而當阿格尼絲寫信稟告正在軍中服役的哥哥拉薩爾，自己決心當修女時，哥哥非常震驚，也非常不以為然，他立刻回信跟妹妹說：「千萬不可以！妳這樣做，是在葬送自己終生的幸福，是在浪費自己的生命啊！」

阿格尼絲也立刻給哥哥回了一封信，措辭強烈的說：「哥哥，

你覺得自己很重要是吧？能當一個軍官，為一位統領兩百萬人的國王效忠？老實告訴你，我也正要去當官，而我的官也絕不比你小，因為我要去做的這個官，是為統領全世界的國王服務！」

一個月後，錄取通知終於來到，羅瑞托修女會接受了阿格尼絲的入會申請。錄取的消息，再次驚動了全家人，再次令家人悲欣交集，小阿格尼絲真的要鵬程萬里，離開家鄉、親人，隻身走向不可預知的未來了。

離家的日子眼看著一天比一天近了，阿格尼絲為了想帶走一些對家鄉的美好記憶，她經常沿著美麗的瓦爾達河，一邊散步，一邊欣賞那一群群、悠閒的在起伏的山坡上吃草的羊兒，她也高高興興的去跟教會的朋友們話別。而她的一些好朋友知道她即將遠走他鄉後，更依依不捨的為她

她辦了一場惜別音樂會，紛紛祝福她一路順風，萬事如意。

時光飛逝，阿格尼絲終於不得不告別家人和親友，離開熟悉的生長環境，遠走他鄉，投奔遠在愛爾蘭首都都柏林的羅瑞托修女會，勇敢的去開創自己的新生活。

1928 年 9 月 25 日，阿格尼絲在媽媽和姐姐的陪伴下，離開家鄉，登上往查克瑞布＊的火車。送君千里，終須一別，到了查克瑞布，阿格尼絲不得不揮別專程前來送行的親愛的母親和姐姐，轉乘前往法國巴黎的火車，繼續她未竟的旅程。臨別前，淚如泉湧，殷殷叮嚀的母親，從手袋中拿出一支鋼筆放在阿格尼絲手中，對她說：「我的小寶貝，小花蕾，媽媽希望妳不要忘了繼續寫

＊查克瑞布　南斯拉夫西北部的城市。

詩喔！要記得常給媽媽寫信啊！」

月臺上揮別母親和姐姐的阿格尼絲，恐怕做夢也不敢相信，這竟是她和母親、姐姐的最後一次見面。

在查克瑞布轉車時，阿格尼絲先與另外一位女孩貝蒂可會合，再一起結伴前往「羅瑞托修道院」。也真幸虧有貝蒂可做伴，否則在往巴黎火車上漫長無聊的幾天幾夜裡，時間還真不容易打發呢！按預定計畫，到達巴黎之後，她們將依修道會慣例先在巴黎當地的羅瑞托分會待幾天，拜會一下修女會的高層人員，然後再轉往愛爾蘭。

設在都柏林郊外的羅瑞托修道院，是一棟造形簡單，紅磚牆上配著白色木窗的建築。初到時，阿格尼絲很不習慣，覺得整個修道院像被一道大門拴住而與世隔絕似的！當她繼續往裡面走

時，一抬頭，目光立刻被佇立在天井中的聖母像所吸引，而聖母臉上那慈祥和藹的光輝，剎那間溫暖了阿格尼絲忐忑不安的心，所有的疑惑，所有的拘束，也好像立刻煙消雲散了。

阿格尼絲和貝蒂可來這裡的主要目的是宗教修行和外國語言訓練。因為修女們在印度教學時，課堂上使用的主要語言是英語，阿格尼絲和貝蒂可也必須先在這裡把英語學好。

儘管阿格尼絲心裡有點不太習慣，總覺得這修道院環境有點怪怪的，但她還是下定決心要專心用功，先把英文學好。於是，穿著羅瑞托長長的白色修女服和黑頭罩的阿格尼絲，每天大部分的時間都花在學習英文。阿格尼絲和貝蒂可心裡都很明白，英文基礎打好之後，她們才可以去印度，到了印度，她們就可以真正

開始當一名見習修女了。

　　在愛爾蘭的幾個月時間，阿格尼絲除了學習英語外，也對羅瑞托修女會的宗旨和教規有了更多的認識。

3

初抵印度

　　1928 年 11 月阿格尼絲和貝蒂可終於登上開往印度的輪船，她們穿過蘇伊士運河，經過紅海，再橫越印度洋，航行了整整七個星期，終於在第二年的正月駛進了孟加拉灣，在加爾各答上了岸。這在航空交通四通八達的今天聽來，真有如天方夜譚般令人感到不可思議，可是在當時，這條航線卻是從歐洲到印度最直接不過的捷徑了。

　　1928 年 12 月，聖誕節過後兩天，她們的船先抵達了可倫坡，也就是現在錫蘭國的最大港口。在查克瑞布與母親和姐姐分別之後，阿格尼絲從東歐一路旅行到西歐，沿途所見的歐陸風光和不同的風俗民情，使阿格尼絲深深覺得自己「行萬里路如讀萬卷

書」，增長了許多見識。而這即將來到的東方文明古國——印度，又將帶給她怎樣的文化衝擊呢？她對可倫坡的第一印象究竟是怎樣的？讓我們來看看她寫的家書，或許可以略為窺見一斑：

整個城市看起來青綠得像一座偌大的花園，但是被這無邊無際，青蔥茂盛的美麗熱帶植物所環繞起來的，卻是令人不可思議的貧窮！我是說，令人無法想像的「極端貧窮」！

她也被印度三大城市之一的馬德里深深的震驚，她在信中寫道：

令人難以置信的貧窮……很多人家就在街上露宿，我是說不分白晝或黑夜，他們都逗留在一覽無遺的街上，睡就睡在自

己用棕櫚葉編成的草蓆上……
還有些連草蓆都沒有的，乾脆
就直接露天睡在地上……這些
無家可歸的遊民大都沒有衣服
可穿，可以說幾乎是全裸的，
有的頂多包一塊破破爛爛的纏
腰布……

　　1929 年的 1 月 6 日，船終於
駛進了孟加拉灣，她們興匆匆的
在印度第三大城加爾各答上了
岸，阿格尼絲夢寐以求的印度傳
教生涯，眼看著即將可以實現
了。加爾各答地處赤道，終年潮
溼而悶熱，因面臨孟加拉灣，海
運方便，自古即為進入東印度的
門戶，而三百多年前，大英帝國
開始在印度建立殖民地時，也在
加爾各答設立了東印度公司，作
為殖民統治中心。
　　對成長在寧靜鄉間的阿格尼
絲來說，都柏林稱得上是個繁忙

的大都市，而印度第三大城的加爾各答給她的第一印象則是，一片混亂和喧譁。這也難怪了，因為加爾各答的景象實在是夠嚇人的了！

放眼所見，街上到處是衣衫襤褸的男男女女，夾雜著破舊骯髒的拖車不說，還有隨地大小便的牛、馬、貓、狗各種動物以及嘈雜喧譁的噪音！在這裡，很多人辛苦工作一天，也賺不到幾分錢糊口，更可憐的是，有些男人還像動物般拉著客車，在狹窄的街道上穿梭。

街上小販很多，每個都是拎著很少的幾件小東西，兜售給那些看起來像是比較買得起的行人。乞丐更是多得數也數不清，整個城市看起來就像到處都有娼妓出沒的貧民窟。

生活在這樣的環境，不要說許多窮人會因為衛生條件太差而

25

年紀輕輕就過世，即使對身體健康的人來說，也是一個很大的挑戰。猜猜看，在這樣的生存條件下，人的平均壽命是多少呢？答案是三十歲！

在加爾各答見習了幾個月後，阿格尼絲在羅瑞托修女會的安排下前往坐落在印度北部大吉嶺的修道院繼續進修。

大吉嶺位在喜馬拉雅山山麓，風景優美，寧靜而安詳，在這裡，阿格尼絲正式展開了她的見習修行。她每天的功課包括研讀《聖經》、學習羅瑞托修女會教規，以及繼續學習英文。她更利用空閒的時間開始學習一些當地的印度語和孟加拉語。當然，她也必須像所有羅瑞托修女會的修女般，接受基本的教學訓練。在大吉嶺的日子真是過得既快樂又充實，既健康又進步，每天不論多忙，阿格尼絲都很誠懇用心

的過著，而且隨時不忘祈禱！

到大吉嶺受訓沒多久，她就被分派到羅瑞托修女會附設的學校去實習，每天兩個小時，教一群來自歐洲和印度當地的孩子們英文。同時，她也開始去附近的貧民醫院做義工。在貧民醫院做義工時，她很快注意到熙來攘往的病人中，很多都長著可怕的皮膚瘡，甚至還帶著令人作噁的潰瘍。那些令人觸目驚心的傷口和潰瘍，常常使她不禁聯想到貧窮和骯髒；而那直接、間接摧殘著窮人生命的，不就正是窮困和骯髒嗎？

經過兩年的見習修女修行，1931 年 5 月 24 日，披上白頭紗，穿著白色長禮服的阿格尼絲，立下她的第一次誓約，誓言終身奉行羅瑞托修女會的「遵守清貧、保持貞潔、服從上級」的教規，正式成為羅瑞托修女會的修女。

同時為了效法 19 世紀來自法國里修的小德蕾莎修女＊的「仁慈與簡樸」精神，她也正式改名「德蕾莎」。

放大鏡

＊**里修德蕾莎修女** 19 世紀來自法國里修的小德蕾莎修女，天主教的聖女，謙恭、純潔，文學造詣高。主張為善不欲人知，而且要以最仁慈、最樸素的方式服事天主，永遠以微笑帶給人們安慰和喜悅。在一個沒沒無聞的修道院裡度過她短暫的一生，24 歲時死於肺結核病。

4 初識人間疾苦

　　正式成為修女後，德蕾莎離開了大吉嶺，被派回髒亂擁擠的加爾各答，在貧民窟附近一所大名鼎鼎的，羅瑞托修女會附屬女中教歷史和地理。自19世紀中葉創辦以來，被稱為「羅瑞托恩特利」的羅瑞托附屬女中，儼然是殖民地貴族學校，招收的學生清一色以英裔印度人或有財有勢的當地人為主，校園四周環繞著姹紫嫣紅的美麗花園，校舍建築樸實但十分整潔、寬敞，高大的石牆似乎遠遠隔絕了加爾各答的貧窮與污穢。

　　除了羅瑞托恩特利女校，德蕾莎也被分派在羅瑞托修女會的另一所叫「聖瑪莉」的平民學校工作。與羅瑞托恩特利不同的是，聖瑪莉的學生來自社會各個

階層，平均年齡比較小，而且大多數是窮人家子弟或孤兒。因為在聖瑪莉的工作接觸，不但使德蕾莎有機會對印度的社會環境*做進一步的認識，而且她一口流利的孟加拉語也正是在當時打下基礎的。

除了在羅瑞托的恩特利和聖瑪莉兩校擔任教職，德蕾莎又自願在另一所貧民學校「聖德蕾莎」義務幫忙。

在聖德蕾莎，面對從來不知何謂「整潔」的學生們，德蕾莎開學必須做的第一件事竟然是：教學生如何打掃！

「我立刻捲起衣袖，重新排桌椅，又找來掃帚開始掃地，這

放大鏡 ＊印度的社會環境　印度為種姓社會，也是一種世襲的階級社會，傳統上依出身貴賤而分成婆羅門（祭司貴族）、剎帝利（軍事貴族）、吠舍（農工商人）、首陀羅（奴隸）。而不屬於這四個階級的窮人，叫做賤民。在聖雄甘地領導不流血革命，而脫離英國殖民統治後，雖正式宣布廢除種姓制度，但影響力仍在。

些孩子從來沒見過老師這樣開學的，他們不知所措，只是睜大眼睛很驚奇的站在那裡盯著我瞧。過了好一會兒，看我還是高高興興，笑嘻嘻的，有些女孩兒就放心的開始過來幫忙打掃，男孩也幫忙提水……不到兩小時，整個房間就煥然一新，像間乾淨的教室了……。」

　　在聖德蕾莎，開始時全校學生人數還不到五十人，因為場地和經費都不足，一個房間得分讓好幾個班級湊合使用不說，德蕾莎還經常會對學生們貧困的家境愛莫能助而唉聲嘆氣，但也經常因為孩子們的親切和熱情，而受到無比的鼓舞和感動。

　　「你很難想像當我第一次看到孩子們睡覺和吃飯的地方時，心裡有多痛苦，有多難過……真的不可能有比那更窮的了……。」

　　「剛認識他們的時候，這些

孩子一個個髒兮兮，呆若木雞的，看起來一點都不快樂……非得我親自點名叫他們開口唱歌，他們才勉強開口……現在呢，他們早已經跟前跟後管我叫『媽媽』了！」

每逢星期天，別人在家休息時，德蕾莎仍不辭辛勞的去學生家做家庭訪問：「全家人擠在小小一間，大概只有兩公尺長，一點五公尺寬的房間，門窄得幾乎擠不進去，天花板又低得叫人直不起腰來……現在我一點也不奇怪為什麼我的學生這麼愛來上學……也不奇怪為什麼這麼多孩子常常生病。」

1937 年的 5 月 14 日，德蕾莎又立下終身事奉上帝的最高誓約。不久之後，她被拔擢，做了聖瑪莉的校長。

這時的德蕾莎，雖然熱愛她的教學生涯，又已貴為一校之

長，每天處理萬機，但她仍無法忘懷修道院高牆外的另一個世界，也無時不關心著貧民窟裡苟延殘喘的窮人朋友。從她臥室的窗戶遠眺，正好可以看到一個擁擠吵雜、饑寒交迫、又疾病叢生的貧民窟，與圍牆之內，聖瑪莉舒適整潔的校園相比，令人胸中充滿無法釋懷的悲傷與絕望。她很願意出去幫助和照顧那些受苦受難的人們，但教會「任何修女不准無故外出」的規定＊，又使她動彈不得。她常常在想：「這裡，究竟是不是上帝真正需要我的地方？」

這段期間，整個印度籠罩著內憂外患的巨幅陰影，對外有因第二次世界大戰＊爆發而引發日本入侵印度的威脅；對內有孟加拉大饑荒，造成上百萬人餓死的慘劇。同時，聖雄甘地也正在領導一項非暴力的和平示威運動，

以爭取脫離英國的殖民統治，但獨立運動也引發國內兩大教派，印度教與伊斯蘭教的競爭和猜忌。

伊斯蘭教徒擔心會被印度教執政的政府歧視，印度教對伊斯蘭教也顧慮重重，雙方衝突不斷升高的結果，導致了層出不窮的街頭暴力，原已瘡痍滿目、民不聊生的社會，至此更加動盪不安起來。

雙方爭權奪利不相上下，1946 年 8 月，終於在印度教團堅決反對伊斯蘭教徒獨立建國的衝擊中，加爾各答爆發了一次長達

　　＊當時的天主教教會，對修女們的行動限制繁多，修女們必須深居簡出，除非如急病住院之類的緊急情況，否則不輕易邁出修道院大門。當年的修女們出門辦事時，也不准搭乘公共汽車，她們出門必須坐小車，而且必須有別的修女相伴而行。

＊第二次世界大戰　1939 年至 1945 年。

四天的街頭大暴動。衝突激烈時，連聖瑪莉女校學生的糧食來源都發生了問題。

德蕾莎身為一校之長，必須為張羅校內幾百個學生的食物而冒險出外奔波。當她四處奔走尋找糧食時，親眼目睹的街頭景象令她十分驚駭，她看到血跡斑斑的街上，橫七豎八的躺著許多在暴亂中喪生或受傷的人，暴動不但使一萬五千多人因而受傷，更奪走了加爾各答街頭的五千條人命！眼前的悲慘恐怖情景，使她痛心疾首，也因此更加強了她立志服務窮人的心願。她想起了小時候聽到一位傳教士說的：「每個人前面都有一條路，那是你自己的路，也是你毫無選擇、必須走的一條路。」

1946年的9月10日，是影響德蕾莎修女後半生的轉折點，這一天更改變了她往後的工作方

向，因此被她後來所創立的「仁愛傳道會」訂定為「神靈感召日」。這一天在乘火車往大吉嶺參加「退休會」途中，不知怎的，德蕾莎修女腦海中出現的，盡是些街頭巷尾無家可歸的窮人，以及貧民窟的慘景……就在這時，她忽然聽到了天主的召喚，而且很明確的認為：「上帝要我放棄在修女會過的舒適生活，要我到貧民窟去幫助那些身陷苦難的人。」

「上帝的旨意非常明白，祂要我離開修女會，要我住到窮人區中，以方便幫助窮人中最窮的人。」

「不這樣做，就違背了我對上帝的誓約。」

而如果按照神靈啟示去做，則又會違反她十五年前立下的，終身獻給羅瑞托修女會的誓言。

德蕾莎修女跟她的靈修導師

范神父提起她有意離開羅瑞托修女會，並自行創立一個新的修會，徵召有志一同的修女來共同為貧民服務。范神父將她的請求轉達給來視察的加爾各答皮爾大主教。皮爾大主教還記得德蕾莎剛來修道院時，她那緊張到蠟燭都點不著的樣子，而今卻改頭換面，不但充滿了信心和勇氣，還可以獨當一面了。皮爾大主教考慮到加爾各答當時的政治風暴，擔心隨時會有大批從外地湧入的難民，他認為當時的情勢並不適合修女獨自在街上工作。他告訴德蕾莎修女等一年再做考慮。

德蕾莎對大主教的裁示雖然萬般不情願，但也只好接受了。到了1948年2月，她又在范神父建議下，親自寫信給教宗，詳細說明她的感召經驗，並正式請求批准離開羅瑞托修女會。

信送出去以後如同石沉大

海。一年以後，好消息終於傳來，德蕾莎終於得到了教宗的祝福，不但准許德蕾莎離開修道院，進入貧民窟為窮人服務，也批准她自行創立新的修道會。

5

勇往直前

　　1948 年 8 月 16 日，德蕾莎終於正式脫下已經穿了十七年的黑色修女服。離開羅瑞托修女會以後，德蕾莎考慮到一般修女穿的硬領長袍和厚實的頭罩，實在不太適合穿著在又熱又骯髒的貧民窟街上走動，所以她決定換上那種一般印度婦女常穿的，樣式簡單，白底鑲著藍布邊的傳統「紗麗」。她已經做好要離開羅瑞托修女會的準備，她決心要勇往直前，走向自己的新世界。

　　盼了兩年，好不容易終於盼到了可以離開羅瑞托的一天，可是到了真正要離開的時候，德蕾莎心裡還是覺得非常沉痛和萬分不捨，她形容自己的心情:「離開羅瑞托……可以說是我一生中最大的失落，也是我平生所做的，

最困難的決定了。」

　　獨立自主後的德蕾莎並沒有馬上走進加爾各答殘陋擁擠的貧民窟，她很清楚，只憑一片熱忱就想幫助窮人是不夠的，也不切實際的，親切的微笑和一些安撫的話，也解決不了真正的困難。幾番思量之後，她決定先到設在兩百四十英里外，潘特納省的「醫護傳道修女會」接受一些基本醫學知識和簡單護理訓練。

　　醫護傳道修女會的姐妹們非常熱誠的歡迎德蕾莎，也希望她能盡快一起幫忙照顧附近人家或醫院裡的病人。可是需要照料的病人實在太多了，修女們整天從早到晚忙進忙出，不停的替病人看病、裹傷、換藥……能幫忙的統統已經派上用場，人手還嫌不足，根本不可能有人有空來為德蕾莎詳細解說。德蕾莎親眼看到她們忙得連打招呼的時間都沒有

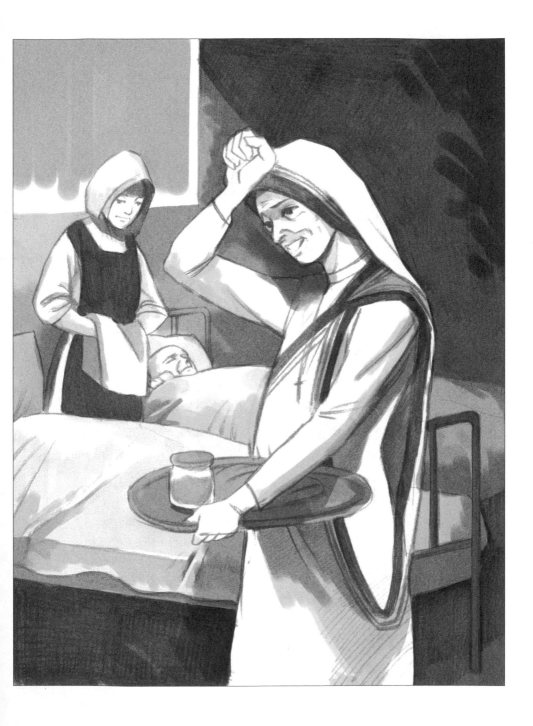

時，心裡很受感動，二話不說，立刻捲起衣袖加入工作行列。

就這樣邊做邊學，轉眼間忙忙碌碌的三個月過去了，連德蕾莎自己都不敢相信三個月內她已學會了做助產士、治療跌打損傷、接種疫苗，此外她還學到了營養學和衛生保健知識，更學會了如何診斷一些常見的疾病。

說到營養學，還有一個值得一提的小插曲。自從德蕾莎決定走向窮人以後，常設身處地為窮人著想，也常提醒自己不能有貧民們所負擔不起的特權。為了要進入窮人的生活圈，跟他們打成一片，她改穿粗布紗麗，為了向加爾各答窮老百姓看齊，她也決定每天只吃鹽巴配米飯。

有一天，德蕾莎心血來潮，興致勃勃的談起她的新飲食概念和計畫，沒想到立刻被澆了一盆冷水！潘特納的修女們從專業的

觀點警告她說：「妳究竟是想幫助窮人和生病的人呢？還是想和他們一起死？妳究竟是希望那些年輕小修女犧牲她們的健康和生命呢？還是希望她們活得既健康又強壯，可以為上帝做很多事？」

「如果只顧嚴守清貧，真的每天只吃米飯和鹽巴，身體遲早會因為營養不良而衰敗，到時哪來的精力去為上帝服務，去照顧窮人？只有健康的身體才是事業成功的起點。」

對聰穎的德蕾莎修女來說，這一番忠言並不逆耳，反而提高了她對健康問題的警覺，她深深領悟到了修女們的語中深義，從此下定決心，不管是自己或以後新來的修女，為了保持更多的精力來服務窮人，都必須培養均衡飲食的習慣。

看到德蕾莎對新工作新環境適應得這麼快、這麼好，醫護傳

道修女會的姐妹們是既驚訝又很為她高興。修女們也注意到德蕾莎還有另一項難得的專長，那就是不論做什麼事，都很能把握重點，絕不作繭自縛，為細節分心，而再複雜再困難的問題，一到了德蕾莎手裡，好像都能輕而易舉的大事化小、小事化無。

一分耕耘一分收穫，待在潘特納埋頭苦學三個月之後，德蕾莎學會了一般人可能要兩年時間才學得到的醫療訓練，而且發現所學的，早已足夠在加爾各答的貧民窟中派上用場，於是決定盡快回到那上帝指引她去奉獻服務的加爾各答。1948年12月的一個清晨，德蕾莎搭上前往加爾各答的火車。

剛回到加爾各答的德蕾莎，穿著一身粗布紗麗，身無分文，連落腳的地方都沒著落，羅瑞托是早已下定決心不再回去的了，下

一步該怎麼辦？這時她忽然想起了她的老朋友范神父，對了！先去找范神父！

　　范神父看到風塵僕僕、但是神采奕奕的德蕾莎，非常高興，馬上聯絡附近一個叫「窮人姐妹修道會」的負責修女，並親自將德蕾莎介紹給她，請她幫忙安排在加爾各答的住宿，於是德蕾莎很順利的住進了窮人姐妹修道會主辦的「聖約瑟夫窮困老人之家」，住的問題總算解決了。

　　勇氣十足的德蕾莎，一心以為住的問題解決了，這下可以後顧無憂的開展她的抱負了吧？沒想到當時的加爾各答真是困難重重，問題大到令德蕾莎不知從何著手。於是，初抵加爾各答的頭幾天，德蕾莎跟著窮人姐妹修道會的修女們一起早出晚歸，一邊工作一邊觀察和學習。

　　德蕾莎很快注意到， 1948 年

12月的加爾各答街頭，到處充滿了一窮二白的難民。原因是當時的印度雖然已脫離了英國的殖民統治而獨立，卻分裂成信仰伊斯蘭教的巴基斯坦，和信仰印度教的印度兩個國家。雖然如此，伊斯蘭教徒和印度教徒的矛盾仍持續升高，經常發生流血衝突，結果導致數百萬人口的大遷徙。很多印度教教徒因為不願受伊斯蘭教政府統治，紛紛逃離巴基斯坦來到加爾各答，這些流亡的印度教徒，沒有工作，沒有家，全都擠在本就已經擁擠不堪的加爾各答貧民窟，過著窮得不能再窮的生活。

在此同時，德蕾莎宣誓成為新近獨立的印度國國民。

1948 年聖誕節前的 12 月 21 日，德蕾莎終於鼓足勇氣，單槍匹馬，獨自走進加爾各答的貧民窟。

6 走進貧民窟

　　既無同伴又身無分文，三十八歲的德蕾莎，踽踽獨行在貧民窟又髒又臭的大街小巷中，隨身只有一個簡單的便當，她邊走邊看著路邊擁擠殘破的違章建築，一邊想著自己究竟能做些什麼？又該從何著手呢？走著走著，忽然想起自己在羅瑞托修女會所受的教師訓練，想起自己在聖瑪莉女校從教師到校長的多年教學經驗……對了！辦學校！就應該從辦學校開始！

　　已經胸有成竹的德蕾莎開始邊走邊計畫，一直走了將近兩個小時，終於走到了「莫提希」貧民區，就是那個她以前經常從修道會二樓窗口遠望的貧民窟，德蕾莎告訴自己：「就是這裡了！就從這裡開始吧！」

在一處很多窮人聚居的地方，德蕾莎找好一棵樹，準備就在樹下開辦她的第一所學校。

開學第一天，她的班上來了五個全身髒兮兮的、半裸的孩子。因為沒有教室、沒有桌椅、沒有黑板和粉筆，更沒有課本，德蕾莎就以天地為教室，找來一根細棍子當粉筆，再將就著以大地為黑板，就這樣開始教孩子們認起字來。除了教孩子們讀、寫和簡單的算術，德蕾莎也教他們刷牙、洗臉、洗頭、洗澡，培養他們保持清潔和注重衛生的習慣。

每天都有新生加入，班級一天天在擴大，德蕾莎在樹蔭下教一些窮孩子讀書、識字的消息很快的不脛而走。

「媽媽，聽說你們沒有黑板上課，瞧，我這就馬上給您送一塊過來！」

「沒有桌椅那怎麼上課！如果您不嫌棄，我們倉庫裡有些不用的桌椅，馬上給您送去！」

「真的很想幫妳一點忙，可是我自己也很窮……，這樣好嗎？我會搭帳篷，我就幫你們搭一個簡單的帳篷好了，至少可以擋擋太陽、避避風雨……。」

就這樣，很多人聞風而來，願意伸出援手。不多久，就已經有四十個小朋友天天來跟德蕾莎一起上課。每天中午，德蕾莎都免費提供牛乳給學生補充營養。又為了鼓勵學生努力求進步，對表現優異的學生，德蕾莎總是不忘發一塊香皂或一塊糖果給他們當獎品。

眼看著學生愈來愈多，學校也愈辦愈興旺，可是德蕾莎很清楚的知道，她的努力對問題重重、百廢待興的加爾各答，只不過是滄海一粟。原來就擁擠不堪

的貧民窟，一下子又湧進數以百萬計的印度教難民，他們沒有工作、沒有家，過著慘無天日、窮得不能再窮的生活，他們住在街上，睡在街上，吃在街上，很多人也死在街上。

隨著難民大批湧入、人口暴增而來的問題，首當其衝的是什麼？當然是飲水和食物的缺乏！又因為現有的衛生設施無法應付大量人口的需求，污穢的環境又造成食物和飲水的污染。從學生口中聽到那些他們日常生活的種種，那令人不忍聽聞的貧窮和辛酸，常使德蕾莎感到非常震驚、非常心痛，可是自己只是個窮修女，哪有錢來幫助他們？

「我雖然沒有錢，但我可以給他們愛心和關懷，我也有精力可以幫助他們，為他們服務！」

於是每天放學以後，德蕾莎就走到街上，看哪裡有需要就過

去幫忙。很快的，她就發現永遠有做不完的工作等著她。她每天忙得精疲力盡，晚上回到家時，往往已累到動彈不得。

德蕾莎日復一日的為幫助窮人而辛苦工作，毫無疑問，這無論是對她的身體或精神，都是極大的挑戰與考驗，德蕾莎卻甘之如飴，無怨無悔。多年以後有人向她問起：「請問媽媽，您當年是怎樣熬過那麼艱苦的日子的？您有何感想？」

「從那些受苦的人們身上，我看到了耶穌基督！」

德蕾莎意猶未盡的又繼續說：「有一次我看到路邊躺著一個人，經過的行人都對他嗤之以鼻，一副避之唯恐不及的樣子，我趕快走過去，一看，嚇了我一跳，那個人奄奄一息，但還活著，可是滿身惡臭，更噁心的是身上還爬滿了蛆！真是可怕！我

趕緊找東西來幫他清洗，之後他滿臉困惑的問我為什麼要幫他？你猜我怎麼跟他說的？我說：『因為我關心你！』」

德蕾莎常說：「人最大的貧窮不是物質上的缺乏，而是不被需要和沒有人關心。」因此除了那雙願意服侍的手外，她總是帶著一顆充滿了愛的心去幫助窮人和病人。

有天晚上，她獨自走在一條人煙稀少的街上時，忽然看到一個衣衫襤褸的乞丐坐在地上，正伸出顫抖的手向她討錢。身無分文的德蕾莎正想匆匆從乞丐身邊走過而不理會他，這時突然有個念頭讓她停下了腳步，她轉身走向乞丐，一點也不嫌棄的，伸出雙手緊緊握住乞丐那骯髒的手說：「很抱歉，我真的一文不名，沒有半毛錢可以給你，但是我有一雙溫暖的手。」

　　乞丐的眼睛睜得大大的看著德蕾莎，然後非常感動、喜極而泣的說:「謝謝妳，媽媽，我已經好久沒握過這麼溫暖的手了!」

　　德蕾莎常跟人說起這些生活在社會邊緣的窮人有多麼的可愛，在為他們服務時她看到了許許多多令她感動的美好事情。

　　有一天德蕾莎碰到一個手拄木棍、衣不蔽體、腿上還淌著血的小孩在路邊乞食，德蕾莎連忙取出藥包準備替他消毒傷口。不料，好心沒好報，這小孩居然一伸手，搶了藥包拔腿就跑，德蕾莎嚇了一跳，也馬上跑著追上去，一直追到一個堆滿垃圾的小巷，來到一間破舊的違章戶前，德蕾莎隱約瞥見陰暗的房間裡好像有人躺在床上。

　　「媽，這個給妳!」

　　「對不起，打擾一下……」

　　德蕾莎趕緊一面打招呼，一

面低頭鑽進陰溼狹窄的小屋，一進門她就看到床上躺著一個眼神渙散、滿面病容、瘦骨嶙峋的婦人，床邊還怯怯的站著幾個瘦得不成人形的小孩。德蕾莎心裡馬上明白了究竟是怎麼回事。

「對不起，這位太太，我剛好路過這兒，順便進來拜訪你們一下，有什麼需要幫忙的嗎？我身上沒有錢可以幫妳，但是我可以替妳看病……哪，這些藥和維他命妳先拿去用吧！」

「謝謝您，媽媽，這麼遠跑來看我，又替我看病又送我藥，真不知該怎麼感謝您……」婦人撐著病弱的身體，努力想表達謝意。

過了一會兒，像是想到什麼似的，婦人又開口了：「我想請問您，我可不可以把這些藥和維他命分一些給隔壁的老先生？他也病了好久，而且孤零零的，一個

親人都沒有。」

德蕾莎聽了深受感動，心想這婦人自己已經被貧病、窮困折磨得自身難保了，居然還不忘關懷同受病痛的鄰居！這窮人的心地是多麼的善良啊！

在伊斯蘭教、印度教正水火不相容，糧食嚴重缺乏的時候，有一天，德蕾莎送了一些米去給一家早已斷糧多日，全家餓得面黃肌瘦的伊斯蘭教家庭救急，不料，那家人收到德蕾莎帶來的有限糧食後，毫不猶豫的立刻將糧食一分為二，馬上送一半去給隔壁也已挨餓多日的印度教家庭。

還有一次，德蕾莎在街上發現一個饑腸轆轆、已經餓了好幾天的小孩，覺得於心不忍，於是將自己的午餐麵包給了小孩，沒想到小孩竟捨不得吃，而把那塊麵包送回家去給生病和挨餓中的父親。

　　在貧民窟，德蕾莎不但經常看到窮人間相濡以沫的互助和友愛，也經常被窮人家庭的親情所感動，在窮人中，她發現了許多人性的善良、美好和溫暖，德蕾莎常感慨的說:「貧苦的人是了不起的，他們絕不會驕傲，不會欺騙人。貧苦的人都擁有感謝的心，善良的心。」

7 得道多助

　　在每一個辛勤的漫漫長日告一段落之後，已精疲力盡的德蕾莎還得拖著疲憊不堪的身子，步行一小時才能回到借住的老人之家。在身心俱疲的情形下，她偶爾也會在臨睡前懷念起羅瑞托修女會，想起從前和其他姐妹們一起靜思默禱，一起做彌撒的日子，她很感懷的在日記中寫下了自己當時的心境：「……上帝要我做一名修女，又要我孤單的背負起貧窮的十字架……」

　　「今天我學到了很好的一課，那就是：窮人真的是在貧和病的無情摧殘下苟延殘喘。當我辛苦的工作又工作，累到手腳都痠痛時，想到那許多窮人為了最基本的溫飽就得受多少的苦時，我忍不住懷念起羅瑞托的舒適生

活。」

「但是上帝，因為對祢的愛，也出於自己的選擇，我心甘情願順從祢的旨意，做祢要我做的。主啊，請祢幫助我，請賜給我勇氣，請現在就賜給我勇氣！」

日子在忙碌中飛逝，而與日俱增的工作使德蕾莎想到：這每天花在往返走路上的兩小時寶貴時間，是否可能善盡其用？如果搬到離工作地點稍近的地方，那每天不就可以多出兩小時來工作？德蕾莎興起了搬家的念頭後，毫不遲疑的，立即開始在貧民窟附近找房子。

奔走了一整天的德蕾莎，始終沒有找到一處像樣兒的房子，不是滿地污水，就是到處是畜牲排泄物，房間狹小不說，裡面又早已擠滿房東一家大小。不得已，她只好再去找范神父幫忙。

在范神父的協助下，住在小

溪巷的教友，戈麥斯老師立刻分文不收的借出家裡二樓的一個房間。1949年2月，德蕾莎終於搬進了小溪巷十四號二樓的新居，而戈麥斯老師一家人也從此加入了服務窮人的行列，成了德蕾莎的得力助手。

戈麥斯老師經常為她籌募送給窮人的藥品，他八歲的女兒則經常陪伴德蕾莎出門採購和辦事，他們一家人對她的精神支持和全力支援，使德蕾莎因此不再感覺孤單。當時絕不會有人想到，就是這間小溪巷十四號二樓的一間陳設極為簡陋的小房間，日後會成為一個深具影響力的國際性組織的搖籃。

有了戈麥斯老師人力物力的支援，德蕾莎幫助窮人的工作規模成長更快，而在受助人不斷增加的情況下，需求的藥品、食物和人手更與日俱增，雖有熱心人

士經常送來食物、藥品或過來幫忙，但仍常有青黃不接或人手不足的情況。

到了 1949 年 3 月，德蕾莎曾經教過的一位女學生，家境富裕的蘇巴斯尼來到了小溪巷十四號二樓。基於對這位前任老師和校長的景仰與崇拜，蘇巴斯尼表示願意追隨德蕾莎，服務加爾各答附近的貧民。

德蕾莎看到蘇巴斯尼來訪，真是既高興又安慰，但她保持理智的對這位穿著考究又年輕貌美的學生說：「親愛的，妳的善心誠然令人感動，但是像妳這樣的條件，富裕家庭出生，穿著又這樣時髦的妙齡美少女，想投身參與幫助窮人的工作，會不會有點困難？畢竟這是一份非常艱苦的工作，不但得保持徹底的清貧，而且需要完全的付出！」

「我看還是這樣吧，妳先回

去多做祈禱，如果確信這真是天主對妳的召喚，到時妳再回來找我也不遲……」

兩星期之後，蘇巴斯尼又來找她的德蕾莎校長，這一次她改頭換面，穿著樸實無華的紗麗，語氣堅定的告訴德蕾莎:「我已下定決心跟隨您做濟貧的工作，無怨無悔!」

蘇巴斯尼後來成為仁愛傳道會數百名修女中，第一位放棄了既有財產和物質享受，來追隨德蕾莎修女幫助印度窮人中最窮之人的人。

不久之後，又有一位聖瑪莉女校的學生來到小溪巷十四號。問題是據這位女生的父母說，她尚待完成最後一學期的課程和期終考。於是德蕾莎和所有工作夥伴們一起幫助她，務必讓她如期完成學業。德蕾莎對來投奔她的年輕修女們，總是要求她們一定

要先完成教育再言服務。

從此，三位修女在做完晨禱，祈求天主賜予勇氣和毅力後，三人結伴而行走上街頭，從來不知道，也不擔心她們出門在外將會面臨怎樣的險境。

她們挨家沿戶募捐，然後將募捐到的錢或用來治療病人，或供養饑民，或捐給學校。每天她們都會碰上亟待救援、蓬頭垢面的流浪人，奄奄一息的病人或饑不擇食的街民。

德蕾莎一行人的濟貧工作持續在擴大，服務的貧民區增加到五個之多，各地聞風而來的學生和志工與日俱增不說，追隨她的修女也逐漸增加到了十位。

忙忙碌碌中，時間過得飛快，不知不覺的，德蕾莎走出修道院已將近一年了，也快到了皮爾大主教重新定奪，究竟德蕾莎能否繼續留在修道院牆外的時候

了。

顯然，皮爾大主教聽說了很多有關德蕾莎修女在外的善行義舉，他並不考慮讓德蕾莎重返修道院，而放棄在貧民區已開始生根的傳道工作。他也很明白，如果讓德蕾莎重回修道院的話，那麼，那十名追隨她的年輕修女也必須跟著進入修道院。除了這些客觀性的考量之外，皮爾大主教又得知德蕾莎已決定正式申請入籍成為印度公民，以表明她奉獻印度窮人的決心。德蕾莎事後在她的書中寫道：「我是打從內心深處就認為：自己是個不折不扣的印度人的！」

皮爾大主教決定在自己的轄區內幫德蕾莎修女成立一個新的修會，使德蕾莎在工作上能更方便，也有更多的獨立性。他把這個計畫告訴德蕾莎之後，希望她能先著手起草一個會章。德蕾莎

聽後非常高興，回去立刻草擬了一份章程，準備讓大主教帶去羅馬上呈教廷。章程中除了嚴守貞潔、清貧和服從外，德蕾莎還加上第四願：專心一意為最窮的窮人服務。

羅馬教廷很快批准了這個新修會的會章。1950年10月7日，德蕾莎修女正式成為新成立的「仁愛傳道會」的院長。

仁愛傳道會的會址就設在小溪巷十四號二樓的一個房間，創會儀式由她的老朋友范神父主持，來賓包括好幾位來自潘特納省醫護傳道修女會的修女。

仁愛傳道會成立不久，入會的年輕修女已增加到二十六人之多，其中有十二位還是她以前教過的學生。

戈麥斯先生眼看著仁愛傳道會日漸茁壯，原來的二樓房間也變得愈來愈擁擠了，於是很慷慨

　　的騰出更多地方給德蕾莎使用。

　　十五年後，仁愛傳道會因為成效卓著，受到教宗保祿六世的肯定，從此歸由教廷直接管轄，並逐漸邁向國際化。

仁愛傳道會

　　仁愛傳道會成立後，德蕾莎時時不忘教導和鼓勵跟隨她的年輕修女們，如何照料病人和垂危之人：「要把每一個人都當成上帝的兒女來看待，不論他有多老、多病、多窮！」

　　她常說：「跟他們說話時，語氣要柔和溫暖一點，同人家打招呼時，要面帶著和藹親切的眼神和微笑！」

　　「經常保持令人愉快的笑容！」

　　「要讓人家感覺到妳不但在照顧他們，而且真心關懷他們！」

　　德蕾莎更經常鼓勵她的年輕修女們，在幫助窮人時，要時時保持愉快，她說：「窮人每天過的日子已經夠悲慘的了，我們不僅應該幫助他們，還應該讓他們感

受到『人間有愛』的溫暖和喜樂！」

仁愛傳道會的入會申請必備條件之一是：具有幽默感。如果我們能設身處地想一想，仁愛傳道會的修女們，在每天必須面對各種病痛和苦難的情形下，還要求她們保持幽默感，這是多麼不容易的事啊！可是說也奇怪，儘管困難就在眼前，仍擋不住來自四面八方的申請者，而德蕾莎心裡雖然歡迎她們，卻總是先警告她們：「孩子，想清楚了，別以為這是好玩的，這其實是非常艱苦的工作！」

當然，這些有興趣來追隨德蕾莎修女的女孩兒們並不在乎工作辛苦，她們是抱著助人的精神和為窮人犧牲、服務的理想而來的，她們也像德蕾莎一樣，是被天主召喚，來協助最貧窮的人。雖說是有志一同，德蕾莎還是告

誠她們說：「神召就像一粒小小的種子，需要不斷的滋養，需要妳不斷的尋找。神召也是勉強不來的。一旦妳得到耶穌基督的眷顧，選妳為祂工作時，妳一定會有強烈感應，一定會知道那就是神召的……」

這些見習修女們初來加爾各答參加仁愛傳道會時，她們以為貧民區的艱苦一定也會影響到修女們的飲食和生活起居的，沒想到，德蕾莎在潘特納醫護傳道修女會時，早已學到營養和衛生的重要，所以，每餐飯修女們都有簡單、營養又吃不完的食物。而修女們休息睡覺的宿舍，設備雖然簡陋，卻也稱得上舒適。穿著方面，每個人都跟德蕾莎一樣，總是穿著涼鞋和一襲白底滾藍邊的粗布紗麗。

德蕾莎和她的見習修女們每天的生活忙碌而規律，清晨四點

半起床後，先開始例行的個人晨禱，然後做彌撒，早餐後便分別到各個貧民窟去工作，中午回宿舍一起午餐。下午則是她們的上課時間，除了學習英語，她們還要讀《聖經》、神學等等課程。晚飯後是這些見習修女們的自由活動時間，喜歡聊天的人聊天，喜歡唱歌的唱歌，也有喜歡玩團體遊戲的，大家快快樂樂的交談，開開心心的唱歌、遊戲，把一天的辛勞全都拋到九霄雲外！一直到晚禱的時間，大家才又立刻安靜下來。

修女們照顧窮人的事蹟愈傳愈廣，願意加入服務的修女也愈來愈多，同時她們所收留的病患也日漸增加。儘管已經在頂樓加蓋了房間，儘管修女們的宿舍已經擠得不能再擠了，戈麥斯老師家樓上的宿舍眼看即將不敷使用。這時的仁愛傳道會，顯然是

需要一個更大的地方，來容納修女們和她們所收留的病患。於是，擔任修女們靈修導師的亨利神父便跨上腳踏車，開始在加爾各答的大街小巷穿梭，為仁愛傳道會尋找一個更大的會所。

　　亨利神父想到了一位在印度政府機構工作的伊斯蘭教徒，這個人在加爾各答有一棟很大的三層樓房，原來準備退休後搬去住的，後來因為印度教與伊斯蘭教間衝突不斷升高，因而改變了主意想搬離加爾各答。亨利神父找到這個人，談起仁愛傳道會急需一間較大會所的事，這個人聽後，很爽快的立即開出了極為合理的價格。合適的房子找到了，價格又這麼便宜，可是德蕾莎的錢怎麼算來算去都不夠，她不願錯失這麼好的機會，可是又告貸無門，不得已，只好找皮爾大主教幫忙，最後總算貸款買下了這

幢位在下環路五十四號Ａ的三層樓建築。 1953 年年中，德蕾莎帶著她的見習修女們和一些她們收留的病患正式遷入新址。從此，這裡不但成了仁愛傳道會的永久會址，日後也成為全世界最著名的慈善機構。

雖身為鼎鼎有名的仁愛傳道會的創始人和最高領導，德蕾莎卻從不為盛名所累，或自以為高人一等，她領導見習修女的方式是身教與言教雙管並行，凡是她要求別人做的事，從跪在地上擦地板到用雙手洗衣，甚至是為傷患清理腐爛生蛆的瘡口，無不親力而為。德蕾莎形容她和其他修女們經常得做的是:「清洗骯髒污穢的，和全身長滿膿瘡或梅毒的人。」

「對一些特別髒，潰瘍特別嚴重的，則不假手他人，由我自己來做。」

　　德蕾莎深深明白，要達到「服務窮人之中最窮的人」這個理想，不但是一項長期工作，也必須是一個團隊工作，所以她必須不斷吸收和訓練更多有愛心和耐心的人來參與。也因此，她對見習修女們的訓練非常嚴格。

　　初入仁愛傳道會的見習修女們，頭半年時間常被派去兒童之家或垂死之家接受考驗。在那裡她們得當助手，學著幫病患洗頭洗澡、清理排泄物、換藥、餵食、裹傷等等，一方面是訓練，一方面也讓她們考驗自己的決心、毅力和耐性。

　　因為仁愛傳道會的創會宗旨是「服務窮人之中最窮的人」，德蕾莎在訓練見習修女時，嚴格要求她們要遵守清貧的生活，要求修女們不論衣、食、住、行都要過得像窮人一般，並時時不忘從窮人的身上去找尋耶穌的形

影。

所以修女們外出時，能走路到達的地方就絕不乘車，非坐車不可時，一定選擇最便宜的交通工具，並買最便宜的票。德蕾莎常提醒說：「大部分的窮人是被迫而貧窮，我們的貧窮則是因應天主的神召，也是我們自己願意的。」

「既然我們選擇了為窮人服務以光榮天主，能放棄自我而實踐清貧，便是一種至高的愛的表現。」

《聖經》上說，耶穌基督也曾行乞過活，所以德蕾莎認為，沿門托鉢並不是什麼應該令人感到羞恥的行為。她認為，修女們也該像窮人一樣，知道如何向人乞討，知道如何為饑餓的人和病患而向人行乞。

有一次，因為需要為窮人籌募藥品，德蕾莎帶著一名見習修

女來向一家藥房募捐，當藥房老闆表示愛莫能助時，德蕾莎就帶著見習修女靜靜的站在藥房門前不動，口中不停的祈禱和誦讀經文，直到藥房老闆終於鬆口，答應捐贈一批窮人急需的藥品。

在仁愛傳道會的訓練過程中，如何挨門沿戶為窮人乞討麵包、糧食、藥物、日用品等等，是見習修女們不可或缺的課程。除了德蕾莎自己為見習修女們設定的學習課程外，她還請了范神父擔任大家的靈修導師和告解神父，以強化靈修，又請亨利神父幫助修女們經常祈禱和傾聽天主的聲音。

仁愛傳道會修女們的愛心和實踐精神，很快傳遍加爾各答的大街小巷，引起了各階層人士的好奇與注意。有一位印度高官向德蕾莎表示，希望她能代訓一批社工人員，費用由政府支付。德

蕾莎經過仔細思考後，認為要訓練社工人員工作並不難，難是難在如何能教這些人打從心底來關心別人，並能一視同仁的將所有窮人、病患都看成是天主的子女。當時，加爾各答地區的共產黨領導人也對仁愛傳道會成功的執行方式，感到有值得學習之處，於是向德蕾莎請教：為什麼窮人都這樣聽妳們的話？德蕾莎回答道：「因為我們心中有愛，行動有愛！」

　　德蕾莎領導的仁愛傳道會不斷的成長，服務範圍也隨著需要而逐漸擴展。1954 年時，有一天，德蕾莎在加爾各答街頭，發現一個又髒又臭，全身被老鼠咬得面目全非，奄奄待斃的女子倒臥在下水道旁。德蕾莎趕緊把她送去醫院，沒想到醫院卻囿顧人道，拒收這個顯然是貧窮而又藥石罔效的病人。德蕾莎對醫院的

見死不救很不以為然，於是堅定不屈的德蕾莎，又使出向藥房募捐那一招，她很明白的告訴醫院的人：「如果你們不收這個病人，那我就賴在這兒不走……你們什麼時候收她，我什麼時候走人。」

如此僵持了很久，最後醫院終於決定撥出一個床位時，病人已經回天乏術。

目睹著這一幕令人心酸的慘劇，想到那些加爾各答街頭每天不斷上演的悲劇，德蕾莎覺得政府不應袖手旁觀，馬上決定走訪加爾各答市政府公共衛生主管，要求他們提供一個安置垂死貧民的地方。為了達到目的，她又向市府官員保證：「只要市政府能提供地方，其他一切由仁愛傳道會負責！」

這就是舉世聞名的加爾各答「垂死之家」的創始。

9

垂死之家

　　德蕾莎去見加爾各答市政府公共衛生官員，要求政府提供一個場所來安頓無家可歸的垂死貧民，並向市府官員保證，政府只需提供地方，其他的事一概由仁愛傳道會負責之後，幾天內就有好消息傳到。有位市府官員來告訴德蕾莎：「我們在印度教卡利女神廟旁邊找到一座已經廢棄不用的建築，如果妳們有興趣，不妨過去看看能不能用，說不定稍加整理一番以後，就能用來安置垂死的貧民了。」

　　德蕾莎和她的修女們一聽，喜出望外，迫不及待的趕往卡利女神廟。她們依照官員的指示，很快找到了緊鄰神廟的這幢破舊不堪、早已廢棄多時的建築。這圍著天井而建，像小旅店般的建

築，過去是用來接待遠道而來的香客住宿用的，因年久失修，早已成為宵小出沒的地方，但是這裡無論是地點或建築格式，都實在是太理想，太符合修女們的需要了！

第二天一早，仁愛傳道會的修女們就開始忙著清理這幢建築，想盡快將之改成貧民的「垂死之家」，也就是印度語所稱的「清心之家」，以收容垂死的貧窮病患。

沒想到的是，垂死之家才啟用不久，即遭到一些印度教領導人的強烈抗議，他們反對的理由之一是：在印度教女神廟旁，何能容許異教的天主教修女安營？理由之二是：有些印度教徒認為仁愛傳道會的修女們不懷好意，她們將垂死之家設在窮人較多的卡利女神廟旁，是為了方便傳教，是為了拉攏附近的印度教

徒。還有些印度教基本教義派的激進分子甚至揚言不惜犧牲一切，抵死抗拒。

事實證明，這些印度教的反對分子太不瞭解德蕾莎修女和仁愛傳道會的宗旨了。他們很難相信這些修女們從沒有打算改變任何人的宗教信仰，這些修女們堅信，每個人都不免一死，重要的是，一定要讓無家可歸的垂死貧民，死得有尊嚴，而且死得其所。修女們不但非常尊重每個人的宗教信仰，甚至在為貧民處理臨終儀式時，也是按照個人不同的宗教信仰，而舉行不同的宗教儀式。譬如，為印度教信徒灑恆河之水，為伊斯蘭教徒誦讀《可蘭經》等等。

就這樣，仁愛傳道會的修女們一面極力忍受印度教徒的詆侮和毀謗，一面忙著從馬路上、水溝邊運回一個個狼狽不堪的垂死

之人。這種情形持續了很長一段時間，直到有一天一位印度教僧侶路過垂死之家時，親眼目睹了修女和義工們像照料親人般，細心體貼的照顧許多垂死的窮人，更親眼看到修女在為死去的印度教徒潑灑恆河之水！這位印度教僧侶深受感動之際，也對修女們的愛心和義行無限敬佩，他開誠布公的對他的追隨者說：「在卡利女神殿裡，我看到一尊石頭神像；而德蕾莎修女讓我看到的是一位活的女神！」

這位印度教僧侶的話被傳揚開以後，印度教對她們的諸多不公平待遇，以及種種誤解和疑慮，終於得以雨過天青，前嫌盡釋。

德蕾莎每天早上帶著她的修女們，沿著加爾各答的大街小巷，尋找那些亟需她們幫助的人，同時，加爾各答的員警也不

斷送來許多病入膏肓的流浪漢。

這垂死之家共規劃成兩個大廳，分別容納垂死的男、女貧民，最多時可以同時安置約一百二十名的病患。經過修女和義工們多年的努力，垂死之家曾收容過數以萬計的窮人病患，其中約有一半幸運的康復重生，另一半則在垂死之家走完人生最後的旅程。對這些可憐的生命，仁愛傳道會的修女們總是在其臨終之際，及時提供了「尊嚴、美麗的死亡」。

而什麼是「尊嚴、美麗的死亡」呢？德蕾莎是這樣解釋的：「我所謂的『尊嚴、美麗的死亡』，是指活著時過著貓、狗不如的生活，臨死之際卻能像天使般的，被愛和被關懷……」

當你一走進垂死之家的院牆內，觸目所及是一排排低而狹窄的床位，上面躺著一個個滿臉痛

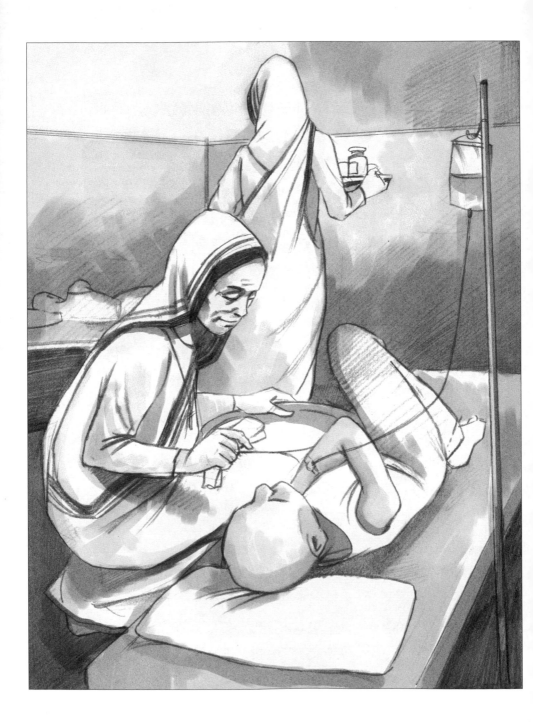

苦、受盡折磨的男女老幼，有患末期肺癆的，有患傷寒、痢疾的，有得癌症的，也有麻瘋病人等等，每個病患除了刺骨錐心的病痛外，還都患有嚴重的營養不良症。而被抬進垂死之家的窮人，不管是像活骷髏般瘦骨如柴的，還是全身惡臭、流膿、生蟲的，都能受到修女和義工們的尊重和照顧，將這些垂死的窮人看成耶穌的化身，為他們洗頭洗澡，擠膿上藥，餓了，幫他們餵食，渴了，餵他們水喝……。除了身體上的照料，修女們也不忘給他們精神上的撫慰，比如，耐心的傾聽他們說話，或緊緊握住他們的手……，就像對待自己的親人一樣。

修女們每天努力的工作，無私的奉獻，務求能讓垂死的窮人感受到人間的真愛和溫暖。有一位無依無靠，大半生浪跡街頭的

流浪漢，臨終前，兩眼含滿淚水，很感激，很安慰的說：「現在，我總算可以死得像個人樣了！」

有一次，員警送來一位衣不蔽體，瘦骨嶙峋，病得奄奄不振，腿上還長了蛆的窮漢，修女和義工們照例先為他清洗，他很抱歉的對修女們說：「我身上又髒又臭，還長了蛆……害妳們要忍受……」

「你身上的味道的確難聞，但是我們知道，你受的痛苦和折磨，遠比這難聞的味道多得多了，所以，對這一點味道，我們是不在乎的……」

在修女們的關愛和撫慰下，死亡和病痛似乎變得安然，不再那麼令人驚駭。

由於修女們無私的奉獻和犧牲，使得加爾各答的垂死之家享譽國際，而這麼龐大的工作量，

靠的不僅是仁愛傳道會修女們的吃苦耐勞和愛心以及耐心，也靠著數以萬計的，深受德蕾莎精神感召，而志願加入服務的志工。他們心甘情願的幫忙，從洗衣、燒飯、看顧病人到搬運屍骨，鉅細靡遺，無不傾力而為。

　　垂死之家聲名遠播之後，各地的援助紛至沓來。現階段的垂死之家早已擁有自己的專職醫生和護士，更有了自己的救護車，修女們再也不必拉著板車奔波醫院、運送病患了。更不可思議的是，今日的垂死之家竟然還變成了加爾各答的觀光旅遊重點！

10 清心兒童之家

　　仁愛傳道會的修女們，奔忙於加爾各答街頭巷尾幫助窮人之際，難免也會碰到一些挨餓的，無家可歸的孩子。她們也經常在垃圾場撿到棄嬰，而且多數是女孩。很多重男輕女的印度家庭，要養活一個孩子已經很困難了，而女孩兒長大了要離家出嫁，到時不但不能幫助家計，反倒要擔心女兒出嫁時那筆龐大而絕無可能負擔得起的嫁妝，那麼長痛不如短痛，倒不如早早就把初生的女嬰丟掉，讓她自生自滅。

　　如果你仔細注意的話，很快就會發現，那些在街頭流浪、行乞的可憐孩子，不是發育不良的早產兒，就是瞎了眼的，有病的，身或心有殘障的，再不就是戰爭遺孤或來自破碎家庭的孩

子，即使在垂死之家，也經常有病人遺下的孤兒；仁愛傳道會的修女們，也義不容辭的承擔起照顧這些孩子的責任。

修女們為撿來的孩子上藥止傷，洗頭、洗澡、餵食，還擁抱親吻他們，陪他們遊戲，修女們一視同仁，將每一個孩子都當寶貝兒來疼愛著，下環路的修女宿舍更是經常迴盪著孩子們天真、快樂的笑聲。

修女們撿回來的棄嬰和收留的孤兒愈來愈多，眼看下環路的房子又快擠不下了，逼得德蕾莎不得不開始考慮為孩子們另找一處安頓的地方。到了 1955 年，有一幢離仁愛傳道會不遠的二層樓房貼出了招租廣告，德蕾莎立刻找屋主談妥租約，將房子租下，等必備的簡單傢俱一到齊，這專為收容孤兒、棄嬰和流浪兒的「清心兒童之家」，宣告正式成

立。

　　為了充分利用空間和務實的考量，修女們將清心兒童之家重新規劃了一番。樓下靠牆的地方擺著一排排的嬰兒床，那些在修女們細心照料下，重新回復了健康的嬰兒和一些比較健康的、大一點的孩子就安置在樓上，由見習修女們負責照顧。而這些孩子的玩具或換洗衣物，全是向附近社區募捐來的。樓下另一個房間裡，躺著的是一些虛弱不堪，尚在與死神搏鬥的幼嬰，因為設備不夠，常常需要將三個嬰兒放在一張床上，聽著那此起彼落的維生機器抽打聲，誰都可以想像出這些孩子們病得有多重了。

　　除了收留孤兒和棄嬰，德蕾莎和修女們也有計畫的定期在清心兒童之家發放食物給遠近的饑民。為了避免複雜的宗教衝突，德蕾莎很有遠見的將每個來登記

領取食物補助的家庭，依不同宗教信仰而發配不同顏色的食物補助券，把信印度教的集中在某一天來清心兒童之家，信伊斯蘭教的則集中在另一天才來。

重男輕女的觀念也造成很多未成年少女流落街頭，這些未成年少女下場都很悽慘，不是被強暴就是被迫為娼，造成很多社會問題。德蕾莎和她的修女們常常覺得很痛心，為了保護這些未成年少女，幾經討論之後決定也收容她們，從此清心兒童之家也成了「未成年少女之家」。

寄居在清心兒童之家的這些少女，不但要學一些像打字、縫紉等生活技能，有空時也會幫忙照顧年紀較小的孩子，等她們長大了，有合適的結婚對象時，德蕾莎也一定會送她一件小小的床或毛巾之類的嫁妝。

清心兒童之家永遠做不完的

工作不但令人精疲力盡，有時還令人感到徒勞無功。有些人批評說：「花在養窮孩子身上的錢，不如拿來用在推廣節育上！」

但是德蕾莎不同意這樣的看法，她說：「上帝給了花朵生命，給了鳥兒生命，給了嬰兒生命……每一個生命的降臨都有它特別的意義，上帝也有足夠的糧食和衣物給所有的人。」

清心兒童之家成立以後，修女們對棄嬰和流浪兒的幫助也開始多元化起來，除了收容之外，也開始嘗試為孩子們尋找領養家庭或認養人。譬如，法國家庭經常向清心兒童之家領養殘障兒童。而認養人從世界各角落寄來的認養經費，確實也能使清心兒童之家的孩子們溫飽無虞。

雖說修女們抱定奉獻和犧牲的精神，只問耕耘不問收穫，但是在清心兒童之家還是經常有動

人的故事發生。

　有一天午飯後，修女們注意到，一個新來的六歲小女孩，悄悄的藏了一塊麵包在口袋裡。修女們很納悶，剛剛才用完午餐的，清心兒童之家也從來沒缺少過孩子們的點心的，為什麼她要私藏麵包呢？於是決定默默觀察她。接著發現小女孩每天中午都要藏一點什麼在口袋裡，但是除此之外，也看不出有什麼不對勁的地方，也許是窮怕了，沒有安全感吧！

　又有一天下午自由遊戲時，修女們發現小女孩趁人不注意時偷偷溜出了清心兒童之家，修女們好奇的跟在小女孩後面，看她究竟想做什麼？清心兒童之家的生活不愁吃，不愁穿，又可以上學，又有玩伴，不是比饑寒交迫，流浪街頭強多了嗎？

　小女孩一下左轉，一下右

彎，跑得滿頭大汗，終於在一個
大型垃圾場後面停了下來，
「媽，不要怕！是我，我給您送
點吃的來了！」

　　這時，修女們遠遠看見一個
衣衫襤褸，滿臉潰爛，頭蒙著黑
布的女人走了出來。修女們站在
那裡感動得熱淚盈眶，原來小女
孩是牽掛著得了痲瘋病的媽媽。

　　有一次，修女們從街頭帶回
了一個瘦得不成人形，滿身膿疱
的小男孩。修女們為他清理瘡
口、擠膿、上藥，讓他飽餐一頓
以後，又為他準備了一個可以好
好睡覺的地方，沒想到小男孩說
什麼也不肯留下來，天一黑就跑
回去找露宿街頭的媽媽，情願陪
媽媽一起過著日曬雨淋的日子。

　　還有一位從清心兒童之家嫁
出去的女孩兒，婚後自己開了家
裁縫店，因為擅長縫紉，還跟修
女學會了做禮服的手藝，加上人

又和氣，因此生意興隆，還發了一點小財。更難能可貴的是，這女孩兒知道飲水思源，不但常常回來幫修女和孩子們縫縫補補，還經常捐款給清心兒童之家。

曾經有一位年老體衰的老祖父，因為擔心自己過世後，沒有可以放心託孤的人幫他撫養年幼的孫子，想來想去沒有辦法，於是去找德蕾莎修女商量。修女們經過討論後決定接受老人的請求，幫他教養小孫子。而這個小孩自小便立志要學德蕾莎修女，一輩子為服務窮人而盡心盡力。小男孩長大後果然做了神父。

想當初，德蕾莎修女獻身窮人的工作，是從在樹陰下教窮人子弟讀書、寫字開始的，現在卻已經在印度全國各地創立了將近五十個清心兒童之家來教養窮人孩子。而這些被她教育過的孩子中，很多長大成人後，做了許多

回饋社會的有益事業，成為社會的中流砥柱。

德蕾莎非常愛護孩子，除了在印度各地為貧民設立清心兒童之家外，如果得悉國外的兒童有難，她也會義不容辭的挺身相助。譬如，1982年，以色列與巴勒斯坦戰爭期間，貝魯特被困時，曾有三十七名兒童身陷戰區，當時就是由她出面促使雙方游擊隊暫時停火，並親自冒險進入交戰區，將孩子們救出來並送到安全的地方。

11

和平之村

　　聽說了清心兒童之家小女孩為痲瘋病媽媽私藏麵包的感人事件之後，德蕾莎修女非常感動，也開始想到痲瘋病患，這被家庭所背棄，被社會所遺忘，只能躲在陰暗中苟延殘喘的另一類弱勢族群，他們是多麼需要關懷，多麼需要照顧啊！

　　在 1957 年時，大約有三萬左右的人因罹患痲瘋病，而隱伏在加爾各答各個黑暗角落。因為對痲瘋病的理解不夠，怕被傳染，加上患者的臉部、眼睛、鼻子、耳朵和手腳等部位，多會潰瘍、萎縮或變形，所以一般人常視痲瘋病為一種天譴，對病人避之唯恐不及，而且不論是學有專精的學者或富貴人家的子弟，只要不幸得了痲瘋病，同樣會受到社會

103

的排斥。因此，得了痲瘋病的人，總是不得不離群索居，躲藏起來。

其實痲瘋病並不是很容易傳染的疾病，更不會遺傳。那痲瘋病究竟是怎樣的一種疾病呢？

痲瘋病學名漢生氏病，又叫做蠟燭病。痲瘋病並不是一種現代的新疾病，它的存在已不知有多少個世紀了，它對人類的蹂躪更是在《聖經》上即有記載。痲瘋病存在的這個謎，一直到19世紀末，挪威內科醫生漢生發現了痲瘋桿菌以後，才逐漸對它有所瞭解。原來痲瘋病是由一種很小的桿菌引起的，由於這種桿菌最喜歡人體中體溫較低的部位，所以最常侵犯的是人體的皮膚和周邊神經，如果沒有及早診斷和治療的話，常會導致四肢和五官的畸形或殘缺。而感染到這種痲瘋病菌後，並不會馬上發病，因為

它有一段不規則的潛伏期，從短短幾個月到二十幾年都有可能，平均大約要三到五年才會發病。此外，麻瘋病並不是熱帶地區的專利，它也曾橫行於寒帶國家。

但是，為什麼又說它並不是很容易傳染的疾病呢？因為研究的結果發現，麻瘋桿菌相當脆弱，一碰到空氣就不容易生存，所以必須經過長時間的皮膚緊密接觸，才有可能受到感染。

那麼麻瘋病的治療和癒後情形又如何呢？根據研究，自從抗麻瘋桿菌特效藥問世後，再加上均衡的飲食，通常一年內，病情可以獲得顯著改善。如果及早發現並接受治療的話，病人甚至很有希望可以痊癒。而更令人感到鼓舞的是，研究發現，接受過治療的麻瘋病患，很少人後來因麻瘋病而死。

由於一般人不瞭解這種疾

病，加上各種以訛傳訛的誤解，人們對麻瘋病心存恐懼，社會對麻瘋病患無理的歧視和排斥，這層層疊疊的打擊，不但使麻瘋病患無法過正常人的生活，更逼使他們逃離人群，走入封閉和黑暗的角落。

　　想到這些人的不幸，想到他們的艱難處境，同是活生生的人命，同是天主的子女，也同樣應該活得有尊嚴呀！於是德蕾莎修女開始走向荒郊野外，走入垃圾場，走進各處陰僻的角落，尋找躲藏著的麻瘋病患。

　　有一天，下環路仁愛傳道會總部，來了五個包得密密實實的訪客，他們遮遮掩掩，像見不得人似的，但是要求見德蕾莎修女。他們哽哽咽咽的跟德蕾莎說：「我們原來都有很好的工作，很好的家庭的，自從得了這人見人怕的麻瘋病，工作丟了不說，

連家人也不要我們了，現在淪落到有一頓沒一頓的，只能靠人家施捨過活！」

「我們老遠跑來找您，是因為您大概是這世界上，唯一還會關心我們的人了……」

這時的德蕾莎本來就已經注意到了痲瘋病患的困難和需要，也已經默默的在找機會盡量幫助他們，而這五位不速之客的到訪，正好提醒了她，該是加緊腳步，積極行動的時候了。

當修女們費盡千辛萬苦，想尋找深藏在社會各角落裡的痲瘋病患時，沒想到，這些病患卻也在努力的躲避著她們。修女們百思不得其解，直到有一天，德蕾莎在荒僻的郊野，遠遠看見一個一閃即逝的陰影……

「喂……喂！這位朋友，不要跑，請等一下！我是德蕾莎修女，我是清心兒童之家的德蕾莎

媽媽啊！」

　　在靜寂的曠野中佇立著的德蕾莎，隱隱約約看到幾個黑影交錯蠕動，接著不知從哪裡冒出來一個焦慮不安的聲音，戰戰兢兢的問：「妳到底是誰？誰叫妳來的？」

　　「我是清心兒童之家的德蕾莎媽媽啊！我找你們找得好辛苦喔！你們為什麼躲著我？可不可以出來談一談？有沒有我們可以幫忙的？」

　　「對不起，德蕾莎媽媽，我們不知道是妳，還以為有人要來抓我們……」

　　「我不敢出來見您，您看到我的塌鼻、爛眼、爛手、爛腳，您會害怕的……」

　　「我不敢出來，怕有人罵我，拿石頭打我……」

　　「我是哪裡都去不成了，我的兩腳腳趾都爛光了……」

　　聽到德蕾莎誠摯的慇慇呼喚，土丘後面的山洞裡，一拐一拐的走出幾個衣不蔽體，蓬頭垢面的黑影，仔細再看，地上還爬著一個！

　　德蕾莎和他們仔細交換意見，深入瞭解他們的困難和需要之後，決定一方面答應為他們提供醫療服務，一方面為了加強心理建設，也再三向他們解釋和保證：「痲瘋病絕不是什麼天譴，痲瘋病只不過是一種細菌感染，是有藥物可以治療的！」

　　德蕾莎也瞭解到，因為肢體容易受病毒侵襲，大部分痲瘋病患都不良於行，不太可能步行去醫療單位的。德蕾莎也考慮到，許多女性病患不願讓男性醫護人員診治的實情，於是她決定設立機動醫療服務，定期走向病患。

　　很快的，仁愛傳道會在加爾各答四周幾個定點設置了行動診

所。開始時，德蕾莎每天和由兩位修女與一位醫生組成的醫療小組，帶著食物和藥品穿街走巷的深入痲瘋病患經常出沒的地區，他們有系統的先為每一位病患建立檔案，然後安排讓他們於每星期同一時間去指定地點做複診，並領取藥物、食物，以及營養品。

除了行動診所外，仁愛傳道會還在不同地方為病患開設了臨時療養院。其中有一間洋鐵皮搭建的療養院，雖然坐落在鐵路旁邊，每天來來往往，震耳欲聾的火車，好像隨時都可能把療養院震垮似的，但是修女們並不以為意，在她們心目中，療養院設在哪裡並不重要，重要的是她們對病人付出的愛和關懷。

仁愛傳道會的修女們對痲瘋病患者無私的付出和尊重，終於感動了很多個人和團體，並獲得

社會的廣大回應，有錢出錢，有力出力的結果，成立了一個正式的麻瘋病醫療中心，也就是後來享譽全球的「和平之村」。

和平之村，這個位在加爾各答城外二百英里，占地三十五英畝，有將近四百家住戶的「麻瘋病之家」，除了提供醫療服務外，修女們還不忘教導村民學習各種生活技能，並為他們爭取就學、就業的機會。

感謝德蕾莎修女的遠見，生活在和平之村的麻瘋病患們，如今除了物質生活上能自給自足外，更可貴的是，他們重新拾回了做人應有的尊嚴！

看到和平之村欣欣向榮的景象，總會令人想起德蕾莎修女常常強調的：「每個人在上帝眼中都是同樣的重要，也都同樣的具有價值。」

12 愛的遠播

　　當年仁愛傳道會獲准成立之初，加爾各答教區的皮爾大主教為了健全這個新的組織，加強新修會修女們的靈修、生活技能訓練和人才的培育，曾經與德蕾莎修女約法三章，規定她十年之內不得在加爾各答教區以外的地方設立分會。

　　1960年，當仁愛傳道會成立十週年時，追隨德蕾莎的修女已經增加到一百一十九名，為貧民開辦的學校也有十五所時，印度境內的其他天主教區紛紛來信請求支援，希望能分享她們的成功經驗。

　　這時的德蕾莎早已看清一個事實，那就是，除了加爾各答，還有許許多多分布在印度其他城市的貧民急待援助，濟貧工作刻

不容緩！她曾很感慨的說道：「如果你用心觀察的話，加爾各答的影子真是無所不在啊！」

德蕾莎對這許多身心備受摧折的窮人怎能視而不見呢？於是決定為窮人請命，向教廷提出她想在印度各地設立分會幫助窮人的意願。

同年8月，德蕾莎和她領導的仁愛傳道會的傑出表現，不但世人有目共睹，更獲得教廷大使德里大主教和教宗的一致肯定，而他們也立刻批准了她的請求，但望她能將天主的愛，順利的傳播到全印度每一個需要的角落，造福每一個需要被愛和被關懷的人。

准許仁愛傳道會設立分會的消息很快傳遍印度，各教區主教都極力爭取德蕾莎前往設立分會，為當地窮人紓困解憂。而至外地設立分會，也成為對修女們

的最好考驗。

由於修女們有好幾位是來自離加爾各答二百英里的蘭契市，她們對那裡的貧困情況非常瞭解，加上交通方便，有火車可以直通，而且那裡的貧民窟也跟加爾各答的情形很像，有很多從農村逃荒而來的難民，於是德蕾莎決定選擇在蘭契市設置第一個分會。這邁向蘭契市的第一步，這極具歷史性的第一步，不僅使仁愛傳道會懷抱著愛的使命走出了加爾各答，進入了全國性的發展，甚至走向了鄰國，繼而飄洋過海，將愛心傳播到世界各地。

蘭契市之後，德蕾莎緊接著又在印度首都德里設置分會，並用來自德國人的捐款，在德里設立了一個垂死之家。德里之後，很快又在印度中部的占夕市和北部的亞格拉市設立了分會。第二年她們在印屬孟加拉建立了一個

痳瘋病流動診所，而最令德蕾莎高興的是，她們在她當年學習醫護的潘特納也開設了分會。到1962年時，除了加爾各答，仁愛傳道會以驚人的效率已經在印度各城鎮設置了三十多個分會。

德蕾莎由成立分會的經驗當中得知，對仁愛傳道會修女們最重要的兩件事是：精神上「對上帝的愛」和物質上的「徹底保持清貧」。她認為在物質上，修女們每人只需要三件印度窮人穿的那種從頭蓋到腳的紗麗，三雙涼鞋和一隻洗衣鞋用的水桶就夠了，她深信修女們既然已經毅然決然的拋棄一切，離開親友和家園來加入傳道會，那上帝也一定會及時關照她們的需要，讓她們不虞匱乏的。

有了在加爾各答總會的嚴格訓練和實務經驗，修女們無論在工作上或生活起居上，早已養成

了重規律和講效率的習慣。每一個分會成立後，修女們仍沿舊習，清晨四點半起床，換上紗麗和涼鞋後，先去晨禱、靜思和彌撒，早餐後即按分配開始一天的工作。有的修女去主日學校教書，有的去拜訪窮人，有的去垂死之家，有的去清心兒童之家，也有的去照顧痲瘋病患。中午，大家回到會所，午餐後通常有半小時休息時間，之後再回原地繼續工作。傍晚做完禱告後，修女們像家人般聚在一起分享一天的工作經驗和心得。經過一整天的奔波和辛苦工作，通常到十點時，修女們已經累得紛紛倒頭就睡了。

仁愛傳道會的會眾從北邊終年積雪的喜馬拉雅山，一直到南部令人汗流浹背的熱帶地方，遍布了全印度。而每一個新的企劃案或每一個新分會的成立，也都

獲得來自印度國內外的大筆捐款。而這很多的國外捐獻，是來自德蕾莎修女在 1960 年時，第一次應邀至美國做旋風式的訪問演講之後。

13 仁愛傳道修士會

隨著仁愛傳道會的成長，服務項目和範圍的擴大，德蕾莎修女心中開始衡量，有些工作地點和場合，譬如被戰火摧殘的越南、東埔寨以至貧困的中東伊斯蘭教國家，實在不太方便讓修女們前往，這時如果能有一些男性工作人員來協助，那仁愛傳道會的社會服務將可以更上層樓。

可是根據天主教的規定，修女是不准領導修士會的，德蕾莎修女幾番深思後，終於向她的老朋友亨利神父提出了她的構想，希望獲得他的支持。亨利神父仔細聽完德蕾莎的計畫後，不但非常贊同，而且一口答應盡全力幫忙。

籌備計畫成熟後，德蕾莎開始對外徵求志同道合的修士、教

士。 1963 年的 3 月 25 日，終於有十二名年輕修士和一名傳教士來到清心兒童之家報到，準備接受即將成立的「仁愛傳道修士會」的訓練。德蕾莎對修士會的期望很高，所以親自負責訓練工作，當然，亨利神父也義不容辭的擔任起會員們的精神導師。

　修士會的訓練正式展開不久，有一位曾在越南服務過的澳大利亞籍耶穌會傳教士，教名安德魯兄弟，表示很有興趣來仁愛傳道修士會的訓練營觀摩一個月，德蕾莎修女得知後，不但竭誠的歡迎，而且希望他能盡快趕來。安德魯兄弟與其他修士們一起集訓一個月後，不但相處愉快，而且非常認同德蕾莎修女的抱負和理念；而一直在為新成立的仁愛傳道修士會物色管理人的德蕾莎，趕緊把握機會邀請安德魯兄弟留下，並負責修士會的會

務。

　　隸屬耶穌會的安德魯傳教士，在越南淪陷前曾在西貢工作多年，並開辦過好幾個性質不同的服務會所，在耶穌會裡不論是經驗或資歷都很豐富，如果能由他來領導仁愛傳道修士會的話，那真是最理想不過了！可是安德魯會不會願意來擔負這個責任呢？

　　德蕾莎一邊等著安德魯的回音，一邊時時不忘祈禱。這樣過了好幾天，有一天清晨，安德魯終於來見德蕾莎了，他很誠懇的跟德蕾莎說:「這對我，真的是一個非常困難的決定，我考慮了很久、很多，我也不斷的祈禱，祈求天主的感召……現在我已經很確定，這是天主要我去走的路。」

　　「……我決定離開耶穌會，加入仁愛傳道修士會繼續為主服務。」

　　安德魯同意負責接管仁愛傳道修士會之後，德蕾莎修女很快在加爾各答為他們設立了一個辦事處，修士會的成員們也立即展開了協助修女的工作。

　　這些穿著舊舊的工人服，態度和藹可親的修士們為了解救誤入歧途的孩子，他們走上街頭與不良少年做朋友，試圖瞭解他們，為他們解決困難，用愛心和關懷感化他們。他們去清心兒童之家幫忙照顧孤兒和殘障兒，幫他們洗澡，教他們讀書、寫字，陪他們遊戲。他們去和平之村為痲瘋病患換藥、裹傷，教他們生活技能。他們也去垂死之家照顧男性病人，為他們沐浴、更衣，餵飯、餵藥，他們也做很多接送病患和搬運屍體等粗重的工作。他們也像修女們一樣，總是高高興興，誠誠懇懇的在工作。

　　仁愛傳道修士會在安德魯領

導下，做得有聲有色，表現一點也不比仁愛傳道會的修女遜色。到 1976 年時，已有修士一百七十五人。其中有一位費迪南神父，未入會以前曾因從事煤礦業賺了很多的錢，因為非常贊同德蕾莎的理念，所以專程來到加爾各答做志工。原本計畫只停留一個月的，深受感動之餘，他不但留了下來，後來還當了神父。

名聲逐漸響亮以後，慕名而來的義務工作人員，也從開始時不固定的十多人，增加到動輒數以百計，甚至還到世界各地開設了四十多所服務中心。而且他們經常去一些德蕾莎覺得不適合修女們去的地方，譬如戰火高升的越南、東埔寨、巴勒斯坦、黎巴嫩等地。而他們開設的每一所服務中心，不論是在印度國內或遠在國外，也不論德蕾莎有多忙，她都一定會抽空前往探視。

　　仁愛傳道會的修女和仁愛傳道修士會的修士對窮人們經年累月、真誠而不求回報的付出，不但感動了印度以及世界各地的善心人士，也引起了世界各國的正視，紛紛請求德蕾莎前往幫忙設立分會，以幫助解決當地窮人的困難，甚至連反對宗教信仰的共產國家和信仰伊斯蘭教的中東國家，都被他們的愛心感動而打破藩籬，特許他們入境並設立據點。

14

愛心的捐贈

　　嚴守清貧的德蕾莎修女，根深柢固的深信：上帝會及時賜予她所需要的，所以，她從不擔心預算問題，也從不接受教會或任何政府的津貼，她只義無反顧的去做她認為應該做的。她在世界各個角落為窮困、落魄的社會邊緣人服務，她可以為窮人上街去乞討藥品、食物，替棄嬰餵奶、換尿片，為垂死的病患洗浴，為痲瘋病患上藥、裹傷，她也顧及到愛滋病患、酗酒者和受刑人的心靈需要，而給與適當的關懷和尊重。對德蕾莎來說，她把任何她能為窮人做的事，都看成是為上帝服務的機會。

　　德蕾莎對窮人發自內心的關愛，使世人深受感動，很多大大小小的禮物、捐款自世界各地蜂

擁而來。而德蕾莎並不在意禮物的大小或捐款數目的多少，她在意的是愛心的付出與否，一旦她發現對方的慈善捐贈有沽名釣譽之嫌，那麼即使金額再大，她也不願接受。

曾經有一家世界名牌製鞋公司向德蕾莎修女表示願意提供涼鞋給仁愛傳道會的修女和清心兒童之家的孩子們，德蕾莎聽了先是非常高興，後來發現這家製鞋公司想利用慈善捐鞋給德蕾莎修女，來提高公司聲望和促銷他們的產品時，德蕾莎婉拒了他們的捐贈。

有一年的聖誕節前，印度一家著名食品業者寫信給仁愛傳道會，表示願意捐贈大批食品給病人和孩子們過節，修女們也欣然接受了，沒想到這捐贈的消息曝了光，修女們在媒體上看到有關報導後，也立即婉拒了他們自吹

自擂的慈善義舉。

　　其實，德蕾莎對於一些大公司的捐贈，只要是以愛心為出發點，她不但不會拒絕，甚至還會公開表示感謝。　1964 年，教宗赴孟買訪問時，對德蕾莎和她領導的仁愛傳道會的傑出表現，印象非常深刻，臨別時還特地將當地教友們送他的白色豪華轎車，轉送給了德蕾莎修女。嚴守「清貧」教規的德蕾莎，絕不可能開著豪華轎車在貧民窟到處穿街走巷的，等教宗一離開，她就將「教宗乘過的轎車」給高價拍賣了，然後用賣車的錢來幫助更多的窮人。

　　1973 年，有一家化學公司將他們不用了的實驗大樓，整棟無條件捐給德蕾莎作為收容精神病患之用。為了感激這家公司的善行，德蕾莎將這家收容中心命名為「愛的禮物」。

　　德蕾莎修女最津津樂道的是一些小民百姓自動自發，從自我犧牲中表現出的愛心，她經常提到的一句話是：「要送出你的愛心……把你要的給別人，而不是把你不要的或剩下的給別人。」

　　「有一天我在街上趕路時，一位僧侶過來向我要一塊錢，說是捐款，我猶豫了一下，那天早上出門時，我身上帶了五塊錢，可是一路上已經給掉了四塊，現在只剩下一塊，究竟要不要把這最後一塊錢給他呢？想想，還是捐給他吧。沒想到那天下午又碰到了那個人！他一看到我就跑過來，一面遞給我一個信封，一面告訴我，有人給了他這個信封，但是他聽說了我們在幫窮人做的一些事後，也很希望能幫點忙，所以轉送給我。我把信封打開一看，裡面是五十塊錢！」

　　「……當時我就深深感到，

上帝在祝福我的工作！袖絕不會棄我於不顧！」

「有一天傍晚，我趕著要回會所，在路上有位人力車夫把我攔住，說要免費送我回會所，我怕耽擱了他的生意，忙說不必了，謝謝他的好意。沒想到他臨走時還硬要塞兩塊錢給我！當時我非常感動，但也很心痛，區區兩塊錢，在別人眼裡也許不算什麼，但很可能是他一、兩天的辛苦所得啊！」

「我記得有一次收到一個小小孩從美國寄來的信，我為什麼猜他是小小孩呢？因為他的字寫得很大，所以我猜他年紀一定很小。小孩信上這麼寫著：『德蕾莎媽媽，我非常愛您，現在我把我的零用錢寄給您。』小孩在信裡面夾了一張三百元的支票……」

「有一對家境富裕的年輕印度未婚夫妻，他們決定舉行一個

最簡單的婚禮，新娘的結婚禮服只是一件簡單的棉布紗麗，來賓也只請了雙方家長而已，他們情願讓窮人們分享他們的愛，所以把能省下的所有婚禮花費，全都捐給了我們！」

「在倫敦的一位姐妹跟我講了這樣一個令人心動的小故事。有一天，有個小女孩來會所敲她們的門，小女孩帶來一袋零錢，說是要給窮人的。你有沒有注意到，她說的是要給窮人，而不是說要給德蕾莎媽媽或給仁愛傳道會！這小女孩就住在附近，她常常看到那些進進出出的窮人，她這麼小小年紀都看得出，那是一些需要幫助的人，而且願意捐出自己所有的給那些比較不幸的人們！」

德蕾莎修女常常強調的是：「不管是多麼的輕微，只要是有愛心的捐贈，都是無價之寶！」

　　為了強調她所說的「有愛心的捐贈」，德蕾莎又說了一個故事:「……如果你們沒有親身經歷到，可能很難相信世界上會有這種善良的事……有一天在加爾各答的街上，有位乞丐向我走來，起先以為是來向我乞討的，可是他一開口卻把我嚇了一跳，你們猜他是怎麼跟我說的？他說:『德蕾莎媽媽，每個人都在捐錢、捐東西給您，我也很想送些什麼給您，今天一整天我只討到了二十九分錢，哪，我這就通通給您了，請您一定要收下!』」

　　「看著他手中握著的那麼一點點的小錢，我想了一下，如果我收了，那他今晚可能要挨餓了，可是如果我不收下，那我可能會傷了他的自尊，於是我伸出雙手，很感謝的接過了他的錢。」

　　「……當我從他手中接過捐款的那一刻，那乞丐滿臉喜不自

勝的快樂模樣，是我從來不曾見過的……他心裡大概在想：我雖然是個乞丐，我也能捐助德蕾莎媽媽！」

「……對那個窮乞丐當然是個很大的犧牲了，在那麼大的太陽下坐了一整天只討到的二十九分錢！這麼微薄的二十九分錢，對我是一點也派不了用場的，但是他全給了我，而我也收下了，當時我真是十分感動，覺得這二十九分錢的價值絕不下於千百萬元！因為它是多麼富有愛心的捐贈啊！」

15 挫折的時候

　　德蕾莎修女和她領導的仁愛傳道會雖然持續不斷在世界各地推展傳道工作，但也並不是無往不利。譬如，1972年時，德蕾莎曾帶領四名印度修女到北愛爾蘭，希望能調停當地天主教徒和新教徒間持續多年的戰爭和仇恨，可惜雙方糾纏不清的恩怨和嫌隙，使德蕾莎一行功敗垂成。

　　成名以後的德蕾莎經常要面對外界對她的批評。

　　有一派人批評她的濟貧理念和方式只是一種頭痛醫頭，腳痛醫腳的作法，根本無法徹底解決貧窮問題，他們認為捐給德蕾莎的經費應該用在：教育、計畫生育、個人保健和職業訓練上。有一次記者就這個問題問德蕾莎：
「有人問，妳為什麼給窮人魚

吃，而不給他們漁竿讓他們自己去釣魚?」

德蕾莎解釋說:「因為我們所照顧的，都是情況壞到不能再壞的，又窮又病的人，他們連站都還站不穩，網子也拉不動，哪裡還談得上學釣魚……。」

「等他們情況好轉到可以離開我們收容中心時，我相信到時自然會有人來教他們釣魚的。」

還有些人懷疑德蕾莎幫助窮人的動機是想改變他們的信仰。針對這個問題，德蕾莎回答道：

「如果有可能，那我只想把他們變成一個更好的印度教徒，更好的天主教徒，或更好的伊斯蘭教徒。」

有醫學界的人認為德蕾莎及跟隨她的修女們醫學訓練不足，使用器皿消毒不完全，把應該用在藥物上的花費都拿去建新的收容中心去了，而且為了省錢還重

複使用已經用過的針頭和針筒。

有些人認為德蕾莎應該運用她對世界各國領袖的影響力，促使他們發展一套能徹底解決窮人生活的方案，而不只是臨時解決他們日常生活的需要。

在對德蕾莎的諸多批評中，最引起爭議的是她反對墮胎和反對節育的言論。即使是在像印度這樣人口已經過度膨脹的開發中國家，她仍大聲疾呼：「孩子永遠不應嫌多！」

德蕾莎主張大家庭，主張孩子愈多愈好，而罔顧了一個事實，那就是，絕大部分她所照顧的人家，都是窮到連一個孩子都養不起，哪裡談得到多多益善！當印度政府大力推廣小家庭和節育計畫時，德蕾莎卻極力反對人工節育，認為新生命的生成應由上帝來決定。

德蕾莎也竭力反對墮胎，認

為任何情況下的墮胎都是違犯上帝意旨的，即使是因強姦、亂倫而受孕也不應墮胎！德蕾莎對墮胎的言論曾引發世界各地尖銳的批評。而且，她雖口口聲聲強調自己不是政治人物，卻經常設法影響政治人物，希望他們立法不准墮胎。

而針對墮胎問題，德蕾莎提出的解決辦法是「收養」。她說：「我們已經通知所有的醫院和診所，請他們務必保住小生命，沒人要的話，我們要！」

德蕾莎這個主張又招來很多爭議，批評的人認為如果仁愛傳道會不反對生育節制的話，就不會有這麼多墮胎問題和收養問題了。

而仁愛傳道會將孩子送給外國家庭收養的作法，也有很多人不表贊同。

另外，德蕾莎拒絕讓實行人

工節育的家庭領養仁愛傳道會所照顧的孩子，這樣的作法，更引起眾多非議。

面對許許多多的指責，德蕾莎對批評她的人說:「我並不想改變什麼，我只是將『愛』落實在日常生活中。」

除了一些引起爭議的理念問題，德蕾莎也經常需要面對其他各種困難。譬如有些修女違反誓約，離開了傳道會，甚至結了婚。

有一次，幾個痲瘋病人因不滿修女為他們安排的食宿問題，竟然將照顧他們的修女團團圍住，要把她們丟進河裡，幸而被人發現緊急報警，才得以免去一場無妄之災。

還有一次，有個定期捐贈糧食的機構因故晚到，於是有些領取救濟品的人開始造謠鼓動，誣謗修女侵占救濟品，揚言要放火

燒掉仁愛傳道會，幸而員警及時趕到，才阻止了一場令人膽戰心驚的騷動。

經驗告訴德蕾莎，做窮人的朋友，也一常常有必須要冒的險，因此德蕾莎不忘時時提醒她的修女們：「且讓我們從信仰和不斷的祈禱中得到力量！」

16 諾貝爾和平獎

　　1979 年的 10 月 17 日，諾貝爾獎評審會宣布世界最高榮譽的諾貝爾和平獎，終於要頒發給曾經三次被提名的德蕾莎修女，德蕾莎修女也是諾貝爾和平獎設立七十八年以來的第六位女性獲獎人。＊

　　得獎人名單一公布，大批媒體記者紛紛湧向下環路五十四號仁愛傳道會總部辦公室，此時的德蕾莎修女，雖然獲得了世人最高的肯定，卻不希望因此而分心，更不願她的日常工作受到干擾，她總是跟來訪的人說：「我只是代表所有的窮人獲獎。」

　　當記者、訪客在傳道會四處採訪，影響到德蕾莎工作時，她就會告訴別人：「我可要一躲起來了！」

即使是在獲知得獎、令全世界矚目的關鍵時刻，都不能使德蕾莎分心。

1979 年的 12 月 9 日，依然是一襲白底藍邊的紗麗，一雙粗陋涼鞋，六十九歲的德蕾莎修女，在仁愛傳道會兩位資深修女和摯友伊崗女士的陪同下，由印度來到了天寒地凍的挪威首都奧斯陸。

當她們面帶微笑，精神抖擻的步出機場時，剎那間，一陣歡聲雷動，眼前出現的是盛大而又令人驚心動魄的歡迎場面。成千上萬的歡迎群眾，每人手持一根

＊值得一提的是，除了諾貝爾和平獎，德蕾莎修女先後還得過無數其他獎章，譬如：

1971 年　榮獲教宗若望二十三世頒發和平獎；
1972 年　榮獲印度總統頒發尼赫魯獎；
1980 年　獲頒印度人民最高榮譽的印度之珠獎；
1988 年　榮獲美國總統頒贈自由勳章獎；
1996 年　獲贈為美國榮譽公民。

燃燒著的蠟燭，為了向來奧斯陸領取諾貝爾和平獎的德蕾莎修女致敬，也為了瞻仰德蕾莎的風采而佇立在瑟瑟寒風中。

隨著歡迎的人潮走進奧斯陸市區，德蕾莎一行人看到大街小巷都洋溢著濃濃的慶典氣氛，不論沿街的窗子或街頭廣告看板，到處都張貼著德蕾莎的照片。她們隨著隊伍來到天主堂和路德教堂，參加燭光遊行，不停的被拍了無數的照片，一次又一次的被媒體訪問，不斷的握手、擁抱和親吻。她們不但見到了德蕾莎的哥哥拉薩爾，甚至還見到了排除萬難、專程趕來參加頒獎典禮的老朋友迪代克！

諾貝爾獎是舉世公認的至高榮譽，而和平獎更是各類諾貝爾獎項中最受推崇，也是最高和最難獲頒的大獎，自 1901 年設立以來，獲頒的都是對促進人類和平

有傑出貢獻的人物，比如紅十字會創始人杜南先生，深入蠻荒非洲行醫的史懷哲醫生，美國民權運動領袖馬丁路德金等人。

兩度提名德蕾莎修女的世界銀行總裁麥克那瑪拉先生，因為工作需要，經常面對開發中國家的各種難題，所以非常瞭解德蕾莎修女在印度所做的努力和貢獻，認為德蕾莎是諾貝爾和平獎最名副其實的人選，麥克那瑪拉在推薦信中寫道：「德蕾莎修女為維護神聖不可侵犯的人類尊嚴而不遺餘力……」

除了她遍及世界各角落的愛心服務外，更重要的是她傳達給我們的訊息，麥克那瑪拉強調說：「那就是：真正的和平是來自一個人與人之間能以公正和憐憫互待的安詳社會。」

在頒獎典禮前一天的繁忙活動中，德蕾莎和她的同伴們仍念

念不忘那許許多多亟待援助的窮人和社會邊緣人，想到一場晚宴的花費竟足以讓一萬五千名印度窮人飽食一天，她立刻決定向頒獎委員會提出一個令舉世震驚的要求，她要求頒獎委員會取消頒獎典禮當天的傳統晚宴，將節省下來的六千三百元和頒發給她的十九萬元獎金，一起捐給仁愛傳道會用來幫助窮人！

德蕾莎在正式頒獎典禮上，仍然是一身白底藍邊粗布紗麗，被烈日曬成棕黃的臉上，布滿著一條條深深的皺紋，每一條皺紋都寫著多年來她所經歷的痛苦、悲傷、艱辛和間和著的喜悅，面對著盛裝出席的挪威王室、各國政要以及民間代表，她先請求大家與她一同祈禱，接著像對朋友講話似的發表得獎感言：「事實上，我個人並沒有完美到足以領取這個和平獎，我只是代表世界

上所有的窮人來領取他們應得的這個獎……」

「窮人也是上帝以愛心所創造的子民，他們也跟大家一樣，需要愛與被愛……」

面對著來自世界各地的元首政要們，德蕾莎侃侃而談她所關心的各種問題：女性問題、家庭問題、貧窮與不公對和平所造成的負面影響、有愛心的贈與、互愛的重要以及反對墮胎等等。談到反對墮胎問題時，她說：「……如果一個做母親的都狠得下心殺害自己的孩子，那叫我們如何還能避免人與人之間的自相殘殺呢？」

在一個小時的致辭中，德蕾莎完全不用講稿，臺下聽眾鴉雀無聲，即使她尖銳的提出了令主張墮胎的人士坐立不安的言論，典禮之後，大家仍公認德蕾莎修女的獲獎，實至名歸。

　　在頒獎典禮中，德蕾莎請求所有與會嘉賓與她一同誦讀聖方濟各的「和平祈禱文」：

主啊！請讓我成為
祢傳播和平的工具！
在有仇恨的地方，
讓我傳送愛心；
有冒犯的地方，
給予寬恕體諒；
有疑慮的地方，
讓我傳播信仰；
有失望的地方，
喚起希望；
在黑暗的地方，
放射光明；
在悲傷的地方，
散播喜樂。

神聖的主！
願我不再渴求
他人的安慰，

只求能安慰他人；
不再渴求他人的諒解，
只求能諒解他人；
不再渴求他人的愛護，
只求能愛護他人。
因為在施予中，
我們已有所得；
從寬恕中，
我們已得到寬恕；
在死亡時，
我們即將獲得永生！

在德蕾莎修女獲頒諾貝爾和平獎的 1979 年，她的愛心功業已經舉世周知，她領導的仁愛傳道會已有二千名修女，十二萬名志工，在世界各個角落的醫院、孤兒院、老人院、垂死之家、痲瘋病院、精神病院、戒酒中心、愛滋中心服務。更經常有國家元首請求德蕾莎派人去協助當地的濟貧工作。當仁愛傳道會走向國際

以後，她們的愛心服務甚至跨越了政治和宗教的藩籬，進入反對宗教的共產國家和激進的伊斯蘭教國家，為亟需援助的窮人服務。

17 貝魯特之行

　　1982 年的夏天，德蕾莎修女再一次面對自己的人生，也再一次決定義無反顧的承擔起上天賦予她的，關愛窮人、病人、垂危之人的新使命。不同於以往的是，這樣的新使命，不僅對她個人是全新的挑戰，而且她所將面對的客觀環境，也比以前任何時候都危險得多。

　　已經七十二高齡的德蕾莎修女，這次千里迢迢來到黎巴嫩這烽火遍地的中東小國，新近入侵的以色列大軍，又藉口掃蕩駐紮在黎巴嫩境內的巴勒斯坦解放組織而重兵壓境。

　　屋漏偏逢連夜雨，以色列軍隊兵臨城下時，黎巴嫩境內的基督徒與伊斯蘭教徒間的宗教內戰，已如火如荼的打了七年，早

已經是民窮財盡，一片哀鴻遍野，慘無天日，以色列帶來的新的軍事攻擊，更有如雪上加霜，使成千上萬的黎巴嫩人民流離失所，並造成更多的生命財產損失。＊當時很多黎巴嫩官員擔心德蕾莎修女的安全問題，紛紛勸她放棄此行，不要冒險，但是德蕾莎修女心裡明白，黎巴嫩目前非常需要她的幫助，所以她抱定決心，再困難，她也必須勇往直前。

果然，激烈的戰鬥使得飛機無法在貝魯特機場著陸，為了安全起見，德蕾莎修女只好輾轉改道，先搭機飛到埃及，再轉乘小

放大鏡

＊中東各國和以色列的關係之所以十分複雜，除了宗教糾紛、文化衝突等等因素外，大國間的爭奪也是重要原因。1948年5月15日，猶太人不顧阿拉伯國家強烈的反對，堅持在阿拉伯人的家園中宣布成立以色列國，引發了第一次中東戰爭。此後的幾十年中，雙方各以不同的大國為後盾，先後又爆發了無數次的大小戰爭，至今仍處於緊張的軍事對峙狀態。

艇，在海上顛簸了十七個小時，歷盡千辛萬苦，終於抵達黎巴嫩首都貝魯特。

　　德蕾莎修女原先計畫，到黎巴嫩後第一件事，先去貝魯特東區視察當地一所主日學校，那間學校是德蕾莎修女和她所屬的修道會在1979年創立的，當初設立的目的是為了幫助那些因內戰而流離失所的人。

　　到了貝魯特之後，德蕾莎修女還是大吃一驚，發現情勢遠比她想像的更糟，伊斯蘭教團體以貝魯特城西為營，敵對的基督教民兵組織則占據著貝魯特城東，整個城市槍林彈雨，煙硝彌漫，遍地血腥不說，她更得知有一群兒童陷在交戰區，而當局卻束手無策。這時，憂心如焚的德蕾莎修女不得不改變計畫，她決定衝越交火線，進入西貝魯特伊斯蘭教占領區，去解救那群被戰爭嚇

壞了的可憐孩子，她很堅決的說：「我們絕對不跟政治掛鉤，但是解救那些孩子絕對是我們的責任！」

聽到德蕾莎修女決定要冒險營救戰區裡的兒童，不管是貝魯特政府官員或教會職員，全都極力反對，因為實在太危險了，戰火是絕不留情的。

「這可不是您想的那麼容易！還是等戰火稍停再說吧！」

「有幾位傳教士最近才在貝魯特遇害！您還是別去吧！」

德蕾莎修女聽了大夥的勸言，不但絲毫不被阻嚇，反而更斬釘截鐵的說：「不管情勢再壞，這都是我們的責任，也是我們的義務！」

她那滿布風霜和皺紋、早已被印度的熾陽曬成棕色的臉上，展現著無限的仁慈和無比的堅毅。畢竟她曾經冒過無數次生命

危險，營救了加爾各答街頭數以萬計的垂死病人，如果當初她不曾走出那第一步，冒險用自己的雙手去接觸那第一個垂死的窮人，她就不可能像今天這樣感動了世界上這麼多的人。

心意既定，第二天一早，德蕾莎修女就去找美國駐中東特使菲力浦・哈比伯尋求幫助。

「媽媽，您聽聽外面的槍砲聲！多危險啊！您絕對衝不過這樣激烈的戰火的！」菲力浦・哈比伯說來說去，還是重複著同樣的警告。

「怕危險我就不會來找你了，為了這些孩子的安全，我什麼都不怕！我也一直在祈禱，祈求聖母保佑，祈求這裡的戰火明天停息。」

「不是我不相信您的祈禱……好吧，就這麼說定，如果明天真的停戰，那我一定設法幫您

穿過交戰區！」菲力浦・哈比伯被德蕾莎的真誠感動，終於鬆了口。

　　且不論德蕾莎修女的祈禱是否靈驗，神奇的是，第二天清晨的貝魯特果然平靜無事，沒有戰爭，德蕾莎的正義感與決心影響了黎巴嫩交戰雙方的軍事領袖。當雙方停戰令一宣布，德蕾莎馬上拉住當地紅十字會職員：「沙力士先生，請問哪裡最迫切需要幫助？」

　　「哎！那三十七個智障兒和幾個留下的醫院員工被困在一間快要倒塌的破醫院裡。」沙力士先生搖搖頭，嘆口氣說。

　　「炮火不但震碎了醫院所有的窗子，四周牆上彈痕累累不說，也炸開了樓上兩層房子。」沙力士繼續報告：「醫院基本上已經空了，沒有水，沒有電，沒有糧食……可憐的孩子……再沒有人

去救他們的話，這些小命鐵定要保不住了！」沙力士說著說著，紅了眼眶。

德蕾莎聽後立刻趕到那家醫院探視，並在國際紅十字會工作人員和醫院員工幫助下，迅速搶救那些飽受驚嚇的兒童，將他們送上接運的專車。可憐的孩子們，有的已經受了傷，令人心酸的哭聲、呻吟聲、啜泣聲一路劃破靜寂的街道。

盡快找到一處既安全又清潔的地方，將受驚的孩子們安頓好之後，奔波終日的德蕾莎不顧辛勞，馬上又轉身捲起衣袖，加入仁愛傳道會修女們的工作陣營，耐心的為受傷的孩子們裹傷，面帶笑容的將擔驚受怕的孩子擁入懷中安撫、親吻。

「面臨任何不幸時，都要保持精神上的輕鬆愉快。」

這是她在訓練修女時一再強

調的。望著懷裡這些狼狽不堪，無辜的小臉，德蕾莎好幾度感嘆的說:「我不懂，我真的不懂，同樣是上帝的孩子，為什麼他們要受到這樣的摧殘?」

對德蕾莎修女來說，照顧饑餓、受傷或生病的孩子，並不是什麼新挑戰、新考驗，因為她過去經常在救助各種貧窮和水災火災的受難人。但是，在貝魯特的經歷和黎巴嫩的內戰，卻使德蕾莎修女第一次親眼目睹，第一次親身體驗到：人與人互相殘殺的恐怖和戰爭的殘酷與破壞力。

18 三位關鍵女性

在回顧德蕾莎修女傳奇的一生和她造福窮人的偉大事蹟時，我們也應該提一下，在德蕾莎剛起步時，曾經為德蕾莎雪中送炭，並對她後來的發展有舉足輕重影響的三位關鍵人物。

這三位關鍵人物，一位是曾經想當醫生傳教士的比利時籍迪代克女士。第二位是協助德蕾莎修女建立全球性龐大志工服務組織的英國籍布萊克伊女士。第三位是曾經掌管難民食品救濟計畫的美國籍伊崗女士。這三位女士在德蕾莎生命中扮演著不同角色，分別為德蕾莎提供了事業發展所必需的人才，也為她鋪築了通往成功之路。

德蕾莎想要關懷窮人使他們免於飢寒之苦的理念，若沒有足

夠的財力、物力和人力，是絕對辦不到的，而她自己創立的仁愛傳道會，又規定要「嚴守清貧」，這兩種不同理念之間的矛盾要怎樣協調呢？迪代克女士、布萊克伊女士和伊崗女士的才幹和熱忱，正好適時的、圓滿的解決了德蕾莎的矛盾。

另外值得一提的是，當德蕾莎準備施展自己的抱負，毅然決然離開羅瑞托修女會時，正值第二次世界大戰剛結束，由於戰爭的阻隔和將近二十年與世隔絕的修道院生活，德蕾莎不論在情感上或抱負上都非常渴望能有新的出路，而她唯一與外界互通聲息的管道——母親和姐姐的來信，也因阿爾巴尼亞被共產主義赤化而中斷了，她跟哥哥更是久已失去連繫。所以，一開始，這三位關鍵女性就從不同方面引領她，並協助她實現成立新修道會的使

命。

　　迪代克女士與德蕾莎是舊識，當年德蕾莎初出茅廬在潘特納醫院受訓時，兩人一見如故，不但常常一起祈禱，也經常和對方分享自己的理想，以及對未來的抱負。一心想做醫生傳教士的迪代克，當初也和德蕾莎約定好，要一起走進貧民窟去關懷窮人，為窮人服務。後來，因為健康出了問題，必須回比利時就醫，而無數次脊椎手術的後遺症，使迪代克幾乎完全癱瘓，心有餘而力不足的她，根本不可能再與德蕾莎同進同出服務窮人了。

　　遠在加爾各答貧民窟的德蕾莎，得知同甘共苦的好友迪代克，無法回來參加仁愛傳道會，為共同的理想打拼時，馬上寫信給意志消沉的迪代克，勸她保重之外，也強調精神支持與身體力

行是同等的重要，希望迪代克繼續做她精神上的姐妹，更希望迪代克能做一名身在比利時、心在印度的仁愛傳道人。

於是兩位相知相惜的好友共同設立了一個仁愛傳道會支會，尤其歡迎有愛心的痲痺病患、跛者和得了不治之症的人加入，一起來為仁愛傳道會的姐妹和她們的工作祝禱。德蕾莎在給迪代克的信中說到：「任何人想加入仁愛傳道會做一名愛的媒介人，都會受到無上的歡迎的……親愛的迪代克姐妹，妳很清楚我們在做的是多麼困難的工作，如果能有妳的精神支援，為我們祈禱，並為我們身受的苦而痛苦……那我們將因妳而得到更大的能量，來為上帝做更多、更美好的服務！」

而布萊克伊女士，堪稱德蕾莎的第二號支持者，她為德蕾莎拓展了另一層面的傳道空間，使

許許多多有愛心、有能力，認同她們的理念但不想過宗教生活的人，也可以為窮人略盡心力。因為她的投入，使德蕾莎的傳道工作變得更有彈性、更大眾化，也更受歡迎。

布萊克伊為德蕾莎成立的後援會，也就是舉世聞名的義工組織，發展迅速，短短十五年內即吸引了數以萬計，來自世界各地的志工。她定期與各義工團體或個人聯繫，報告有關德蕾莎的動態，調派志工，安排捐贈等等。隨著組織的擴展，宗教與非宗教的藩籬也日漸縮小，不論教徒或非教徒，也不論信什麼教的人，只要有志一同，義工組織歡迎大家一起來為窮人服務。

至於與伊崗女士的友誼和工作上的密切接觸，對德蕾莎則有終其一生的影響。1955 年時，任職天主教賑濟服務印度辦事處的

伊崗第一次與德蕾莎接觸，她對德蕾莎和她創辦的垂死之家、清心兒童之家及痲瘋病院等等，印象非常深刻。在她主管美國食品世界和平計畫時，對德蕾莎設立的各個修道會所，終年不斷的供應食物，使德蕾莎得以無後顧之憂。

伊崗不但是位有同情心的作家，而且在國際上，也具有各方面良好的關係，她成了仁愛傳道會的非正式公關，所發表的一些文章和出版的書，使德蕾莎成為家喻戶曉、舉世聞名的人物。

早年任職天主教賑濟服務中心時，由於職務需要，伊崗經常陪德蕾莎去各地考察和評估當地窮人的需要，所以，除了德蕾莎自己，對德蕾莎的工作瞭解得最清楚的，恐怕非伊崗莫屬。而伊崗也不愧是德蕾莎邁向成功的一大推手。

19 哲人其萎

　　1997 年 9 月 6 日，加爾各答下環路 54 A 仁愛傳道會總部的鐘聲響徹雲霄，昭告世人，他們所至尊、至愛的德蕾莎修女，已因心臟衰竭而蒙主恩召。

　　消息傳出後，一時之間，成千上萬震驚又悲傷的民眾，不管是天主教徒、印度教徒或伊斯蘭教徒，為向德蕾莎修女道別而紛紛擁向下環路 54 A，全球各大媒體也立即同步報導了這令世人無限哀思的訊息。

　　畢生為服務窮人而鞠躬盡瘁的德蕾莎修女，自 1979 年獲頒世界最高榮譽的諾貝爾和平獎後，並未因得獎而停止她的愛心服務工作。 1987 年，她和所領導的仁愛傳道會，又為美國加州和紐約的愛滋病患設立了休養中心，此

外各種演講會、教育推廣計畫和手中正在進行的各種慈善事業，使她遠比得獎前更加忙碌。

八十高齡的德蕾莎修女，從不因年老或自己健康逐漸惡化而停下腳步，仍然馬不停蹄，哪裡有需要就往哪裡去。1990 年時，她前往剛解放的東歐國家考察了兩個月，並在她的故鄉阿爾巴尼亞設立了三處仁愛傳道會會所，使她名下的傳道會增加到四百五十個，分布在九十五個不同的國家。

德蕾莎曾跟一名新聞記者說：「醫生們總是勸告我不可以再做這麼多旅行了，勸我要多休息，可是我想等我死去以後，休息的時間反正多得是，何必急著現在休息？再說手上還有這麼多工作在等著……。」

德蕾莎的靈柩移放到聖湯瑪斯教堂供人瞻仰後，來自印度各

地甚至世界各國的致哀人士絡繹不絕，包括各級政要、名流、巨星……。德蕾莎修女出殯那一天，印度政府為她舉行國葬儀式，全國各地降半旗致哀，出席人士包括二十多個國家元首和外交使節，阿爾巴尼亞總統也在其中。印度各級宗教領導人，還有那成千上萬的民眾排著長長的隊伍，靜靜的等著向德蕾莎致敬並看她最後一眼。等出殯的行列緩緩走向加爾各答街頭時，數以百萬計的悲傷民眾流著眼淚，有的手執鮮花，有的高舉德蕾莎的相片，有的俯首垂淚，但都默默的站在道路兩旁祝禱。印度境內各宗教團體也暫時拋棄嫌隙，來送德蕾莎這最後一程。

　　而靈柩內的德蕾莎，握著一串念珠，雙手合在胸前，仍是滿臉深深的皺紋，仍是一襲白底藍邊的紗麗，慈愛安詳的躺著。

　　莊嚴肅穆的追思彌撒後，德蕾莎修女的遺體被送回仁愛傳道會總部，簡單隆重的私人葬禮舉行完畢後，在鳴槍三十二響聲中，一代哲人德蕾莎修女被安葬在仁愛傳道會的墓園。

　　德蕾莎修女點燃了愛的火焰，如何薪火相傳，操諸你我。

20 世紀聖人

　　畢生為服務窮人而鞠躬盡瘁的德蕾莎修女，生前早已贏得了「現代活聖人」的美譽，世人更公認她獲頒聖徒的稱號應是遲早的事。但這複雜且慎重的「封聖」流程，一般要在過世五年之後才開始進行資格調查，到程序完成，通常要五十年甚至一百年之久。但德蕾莎修女的封聖程序始於1999年，距她過世不到兩年即已開始進行。

　　撇開德蕾莎在宗教上的封聖資格不論，讓我們從她所做的功德著眼。德蕾莎修女的「服務窮人中之最窮者」這一理念，不但改變了數百萬貧困者的一生，也在世界各地產生很大的啟發作用，在1998年時，有超過四千五百名仁愛傳道會的修女，在全世

界一百二十六個國家同時開辦著五百五十所服務中心，服務過的人也以數百萬計，而且，世界各地的困難愈多，仁愛傳道會的服務項目也愈見增加。例如修女和修士們不但開始關懷愛滋病患，受虐婦女，甚至還為失業人士提供就業諮詢！

　　如此一位立志為窮人服務的女性，不但在以男性領導的天主教會中，具有舉足輕重的影響力，與世界各國的菁英們也建立了深厚的友誼，但是對世界上最窮國家的人民而言，她只是一位母親，一位真心關懷窮困者，並以畢生之力為他們減除痛苦的母親。

　　對世界各地以幾百萬計受過澤被的人來說，「德蕾莎修女」這五個字成了「愛的永恆象徵」，就像德蕾莎常跟人提到的：「愛，必須付諸行動！」

　　德蕾莎終其一生都奉行著這句箴言，她的典範也啟示和鼓舞了無以計數的人們。

　　2003 年 10 月 19 日，一向很推崇德蕾莎修女的天主教教宗若望保祿二世，在聖伯多祿廣場前為已故的德蕾莎修女主持宣福禮，共有三十多萬人聚集觀禮，在詩班的聖歌聲中，在群眾的揮手歡呼中，德蕾莎修女成為了羅馬天主教廷第一千三百一十五位獲得福蔭的人＊。

 放大鏡

＊獲得福蔭的人　即指因對天主教有傑出貢獻，而被封為聖徒的人。

德蕾莎修女

小檔案

1910 年	誕生於前南斯拉夫一個名為斯科普勒的小城。
1918 年	父親疑似被政敵下毒暴斃，母親開始為人縫紉維生，獨立撫養兒女。
1928 年	離開家鄉，前往愛爾蘭加入「羅瑞托修女會」。11 月，與貝蒂可啟程前往印度加爾各答。
1929 年	抵達加爾各答，在喜馬拉雅山下的大吉嶺展開為期兩年的見習修女學習生涯。
1931 年	在大吉嶺立下第一次誓約，宣誓終身奉行羅瑞托修女會的會規，並正式改名德蕾莎。之後，被派往加爾各答的恩特利女校和聖瑪莉女校教歷史和地理。
1937 年	立下終身誓約。同年被升為聖瑪莉女校校長。
1946 年	9 月 10 日，乘火車往大吉嶺參加「退休會」途中，聽到天主召喚，指示她去為最貧窮的人服務。這一天，後來被「仁愛傳道會」訂為「神靈感召日」。
1948 年	離開羅瑞托修女會，穿上印度窮人穿的「紗麗」，前往潘特納省接受醫護訓練。後回到加爾各答，展開她在貧民區的工作。

1949 年	正式入籍成為印度公民。
1950 年	教宗批准德蕾莎修女成立仁愛傳道會。
1953 年	仁愛傳道會在加爾各答成立正式會所。
1954 年	為加爾各答窮人設立「垂死之家」。
1955 年	為流浪兒和棄嬰設立「清心兒童之家」。
1959 年	設立「痲瘋病之家」。
1960 年	開始在印度境內設立仁愛傳道會分會。首次訪問美國，這也是她到印度服務三十三年後，首次離開印度。
1963 年	「仁愛傳道修士會」成立。
1965 年	2 月 1 日，仁愛傳道會歸由教廷直接管轄，並准予設立海外分會。7 月，第一個海外分會在委內瑞拉成立。
1971 年	獲若望二十三世和平獎。
1972 年	獲印度尼赫魯獎。
1979 年	在挪威首都奧斯陸獲頒諾貝爾和平獎，接受她一生最受世人矚目的榮譽。
1982 年	至貝魯特解救困在戰區的兒童。
1987 年	在美國加州和紐約為愛滋病患設立「愛滋之家」。
1990 年	前往東歐各國旅行訪問兩個月。
1991 年	在故鄉阿爾巴尼亞設立三個分會，實現了她的夢想。同年，美國、伊拉克戰爭爆發，德蕾莎分別致函美國布希總統和伊拉克海珊總統，為窮人請命，

希望戰爭能有節制。

1993 年　在羅馬短暫停留時，不慎跌倒摔斷三根肋骨，入院療傷。

1996 年　由於年老體衰，德蕾莎修女獲准辭去仁愛傳道會總會長
　　　　的職位。

1997 年　因心臟衰竭，病逝於加爾各答仁愛傳道會總部。

獻給孩子們的禮物

「世紀人物100」

訴說一百位中外人物的故事

是三民書局獻給孩子們最好的禮物！

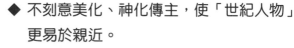

◆ 不刻意美化、神化傳主，使「世紀人物」
更易於親近。

◆ 嚴謹考證史實，傳遞最正確的資訊。

◆ 文字親切活潑，貼近孩子們的語言。

◆ 突破傳統的創作角度切入，讓孩子們認識
不一樣的「世紀人物」。

適讀對象：
國小低年級以上
附注音，小朋友也能自己讀！

創意 MAKER！

創意驚奇雲

請跟著**畢卡索**，在各種藝術領域上大展創意。

請跟著**盛田昭夫**，動動你的頭腦，想像引領創新企業的挑戰。

請跟著**高第**，體驗創意新設計的樂趣。

請跟著**格林兄弟**，將創思奇想記錄下來，寫出你創意滿滿的故事。

本系列特色：
1. 精選東西方人物，一網打盡全球創意 MAKER。
2. 國內外得獎作者、繪者大集合，聯手打造創意故事。
3. 驚奇的情節，精美的插圖，加上高質感印刷，保證物超所值！

三民網路書店　會員
獨享好康大放送

通關密碼：A1435

書種最齊全
服務最迅速

憑通關密碼
登入就送100元e-coupon。
（使用方式請參閱三民網路書店之公告）

生日快樂
生日當月送購書禮金200元。
（使用方式請參閱三民網路書店之公告）

好康多多
購書享3%～6%紅利積點。
消費滿350元超商取書免運費。
電子報通知優惠及新書訊息。

超過百萬種繁、簡體書、原文書5折起

三民網路書店 www.sanmin.com.tw

國家圖書館出版品預行編目資料

一雙溫暖的手：德蕾莎修女／錢莉著;卡圖工作室繪.
－－初版五刷.－－臺北市：三民，2022
面；　公分.－－(兒童文學叢書／世紀人物100)

ISBN 978-957-14-4407-9 （平裝）
1. 德蕾莎(Teresa, Mother, 1910-1997)－傳記－通
俗作品

249.9371　　　　　　　　　　　　94024007

世紀人物 100

一雙溫暖的手──德蕾莎修女

著 作 人	錢　莉
繪　　者	卡圖工作室
主　　編	簡　宛
發 行 人	劉振強
出 版 者	三民書局股份有限公司
地　　址	臺北市復興北路 386 號 (復北門市) 臺北市重慶南路一段 61 號 (重南門市)
電　　話	(02)25006600
網　　址	三民網路書店 https://www.sanmin.com.tw
出版日期	初版一刷 2006 年 9 月 初版五刷 2022 年 6 月
書籍編號	S781720
I S B N	978-957-14-4407-9

著作權所有，侵害必究
※ 本書如有缺頁、破損或裝訂錯誤，請寄回敝局更換。

三民書局